孙健 曹诗男 著

固定收益证券及其衍生品定价模型

Fixed Income Securities and Derivatives Valuation

復旦大學出版社

前　　言

　　固定收益证券一般包括利率债、信用债、利率衍生品和信用衍生品。固定收益证券虽名为"固定"，其实其收益一点都不固定，特别是在全球化的金融市场上，利率风险、外汇风险和信用风险时时刻刻影响着固定收益产品的收益波动。为了能够对冲固定收益产品的风险，金融市场发展出了固定收益证券衍生品。

　　固定收益证券及其衍生品的定价基础与利率依赖性是完全不同于一般的股票衍生品的。在对股票衍生品如个股期权、股指期货的定价中，通常假设利率和股票价格相对独立，所以不需要考虑利率的随机过程。但是在固定收益证券及其衍生品中，无论是长期利率还是短期利率，其变化都是与利率密切相关的，所以无法假设利率的相对独立。这就给固定收益证券及其衍生品定价造成了较大困难。初学者学习固定收益证券的定价模型都会遇到这些困惑，即便是学习过传统股票衍生品以后，对于利率衍生品的定价仍不能彻底理解。将股票衍生品定价模型生搬硬套到固定收益衍生品定价上是行不通的。作者撰写本书的目的就是试图解决这个困难，为初学者和广泛的业界专业人士介绍固定收益证券及其衍生品的定价模型。

　　怎么样才能学习好固定收益证券及其衍生品定价模型呢？核心是要建立对产品的直觉。

　　固定收益证券及其衍生品的核心概念是利率，但是利率本身就是个衍生的概念，因为它依赖于天数计算、计息频率等。开启对利率理解的有两把钥匙，一把钥匙是理解债券价格和利率的关系；另一把钥匙是理解利率掉期产品及其定价。前者是现金产品，后者就是衍生品。

　　金融衍生产品可以分为线性和非线性两种。线性产品直接运用无套利原理定价，非线性产品则需要和波动率联系起来。利率和折现值之间的关系明显是非线性的，把握利率衍生品的线性和非线性关系是正确理解固定收益证券和衍生品的第一步。这也是本书明显区别于其他教材的地方，即鲜明区分线性产品和非线性产品，同时明确线性产品的定价原则，并进一步得出非线性产品定价方法的不同之处。

线性产品的代表是利率远期、利率掉期产品。线性产品定价和对冲的核心方法是折现值曲线，有时候也称之为利率曲线。国债可以制作国债曲线，利率掉期可以制作利率掉期曲线。我们将依次完整介绍这些利率曲线的构建方法。非线性产品的定价则更为困难。在这个方面，我们介绍了四类定价模型：Black-Scholes 方程、BDT 模型、短期利率模型以及 Hull-White 模型。四类模型难度依次递进。

　　在介绍了利率衍生品模型以后，我们转而介绍信用衍生品模型。对于信用衍生品，信用违约互换是本书关注的重点，其定价模型我们介绍了三类：评级转移模型、Merton 模型以及约化型模型。通过学习这些基础模型、定价和交易方法，读者将对信用衍生品有个基本认识。

　　本书作者孙健教授在纽约从事衍生品定价和交易工作将近 20 年，曹诗男教授也从事量化金融教学和工作多年。本书内容来源于作者在北京大学、复旦大学、中国人民大学、对外经济贸易大学开设的固定收益课程与金融衍生品定价课程的相关讲义。本书的出版力图填补国内教材在固定收益证券特别是其衍生品定价领域的相对空白。

　　最后感谢我的课程助教许晓曦，协助组织了整个课程。感谢我的学生汤咏仪、蔡雨清、杨磊，帮我审阅和改进了本书初稿。也特别感谢复旦大学出版社的编辑宋朝阳老师和李小敏老师，他们在全书审稿中付出了艰辛的劳动。

孙健
2021 年 7 月 15 日

目 录

1 固定收益市场   1
    1.1 全球固定收益市场简介 1
    1.2 中国固定收益市场结构 3
    1.3 固定收益衍生品 4

2 利率和银行账户   7
    2.1 银行存款账户 7
    2.2 天数计算 9
    2.3 折现值 11

3 债券产品和债券数学   15
    3.1 债券基本特征 15
    3.2 无息债券 17
    3.3 收益率 20
    3.4 久期和凸性 22
    3.5 债券价格转换 24
    3.6 债券无套利的条件 25
    3.7 即期收益率曲线 27

4 远期利率合约   31
    4.1 商品和股票远期合约 33
    4.2 远期的交易价格原理 35
    4.3 远期利率合约 36

4.4	远期利率的复制	37
4.5	本章小结	39

5 利率掉期   43

5.1	利率掉期市场需求	43
5.2	利率掉期产品	45
5.3	利率掉期曲线	46
5.4	利率掉期和远期利率	48
5.5	远期利率掉期	49

6 构造利率曲线   51

6.1	瞬时远期利率	51
6.2	补充利率掉期方法	53
6.3	逐段常数插值	55
6.4	逐段线性插值	55
6.5	逐段二次函数	56
6.6	利率掉期估值	57
6.7	风险的计算和对冲	58

7 随机过程和 Itô 积分   63

7.1	布朗运动	63
7.2	Itô 积分	66

8 期权的 Black-Scholes 定价方程   71

8.1	Black-Scholes 方程的建立	71
8.2	债券满足的方程	77

9 鞅测度和市场完备性   81

9.1	自融资和复制策略	81
9.2	单期市场鞅测度存在性	87
9.3	多期市场鞅测度存在性	90

10 鞅测度下对利率衍生品定价   95
    10.1   计价单位 95
    10.2   债券看涨期权价格 99
    10.3   利率的顶和底 100
    10.4   利率掉期期权 102

11 利率衍生品的 BDT 模型   107
    11.1   短期利率 107
    11.2   随机游走 108
    11.3   BDT 树的模型 110
    11.4   BDT 模型参数校准 111

12 短期利率模型   115
    12.1   简单模型 115
    12.2   单因子 Vasicek 模型 116
    12.3   Hull-White 模型 118
    12.4   Monte Carlo 模拟 120
    12.5   Hull-White 模型的实现 127

13 凸性调整模型   131
    13.1   一般泰勒展开 131
    13.2   鞅过程的方法 132
    13.3   远期利率提前支付 133
    13.4   常到期时间利率掉期 135

14 信用风险度量   139
    14.1   信用风险 139
    14.2   违约风险 142
    14.3   违约率 142
    14.4   回收风险 144
    14.5   信用评级机构数据模型 145
    14.6   公司债券的 Merton 定价模型 151

    14.7   约化型模型 159

    14.8   Monte Carlo 模拟违约 164

15 信用违约互换   167

    15.1   信用违约互换的交易结构 167

    15.2   违约事件定义 169

    15.3   按市场定价和货币化 171

    15.4   交易对手风险 173

    15.5   信用衍生品中的其他产品 175

16 信用违约互换模型   179

    16.1   信用违约互换的一般定价原理 179

    16.2   信用违约互换的闭形式模型 187

    16.3   有违约风险的债券 190

    16.4   信用违约互换按照市场标价 191

    16.5   信用曲线的特征 195

17 金融中的数学模型   201

    17.1   衍生品定价的原则 201

    17.2   是否应该抛弃模型 208

1 固定收益市场

本章简单介绍国内外固定收益市场和产品。固定收益市场的全面论述还需包括市场结构、监管政策、会计税收等。但是上述内容并不是本书讨论的目标，所以本章仅仅提供一个简单概述，还远不完备。在以后的各个章节中，我们会把重点放在固定收益证券的风险、模型和定价上。

1.1 全球固定收益市场简介

传统固定收益领域的产品有利率债、信用债、利率衍生品、信用衍生品等。在一些国外投行中，外汇衍生品（尤其是长期到期的外汇衍生品）也被当作固定收益衍生品来管理其风险。

利率债通常指国债，一般被认为没有信用风险。但各个国家的国债发行机制不同，而且有些国家发行的国债也确实有比较大的违约可能。美国的国债通常被认为信用风险很低，甚至接近于零。

信用债的发行主体是企业，其有可能发生违约。美国的企业债券市场是世界上最发达的，市场规模宏大。

无论利率债或者信用债，其价格是由多种因素共同决定的，包括市场容量、发行机构的信用、证券的稀有程度等。二级市场流动性是影响债券市场效率的一个重要因素，现代金融理论中的有效市场是指价格能够充分地反映所有可获取信息的市场。市场微观结构理论认为，市场效率问题是证券市场的核心问题，衡量一个市场是否有效通常有四个指标：流动性、稳定性、透明度和交易成本。其中，流动性被认为是证券市场效率的基础和金融市场的生命线。国债市场流动性的提高能让债券市场的价格发现功能更充分地得以体现。

据世界清算银行统计，1989 年末，全球债券市场余额仅为 10.77 万亿美元，至 2019 年末，全球债券市场余额已高达 105.71 万亿美元，其中金融机构债 39.72 万亿美元，公司债 14.65 万亿美元，政府债券 51.34 万亿美元，可见发展有多迅速。

在全球企业债券市场中，发达国家有相对完善的企业债券市场体系，一些新兴国家的企业债券市场也发展迅速。虽然全球企业债券市场整体规模巨大，但是各国企业债券市场发展程度不一。由于起步比较晚，我国企业债券市场在全球企业债券市场中所占的比例还是很低的，但规模正在加速增长。

目前，世界各国政府对企业债的发行管理通常都采取注册审核制度，包括"注册制"和"核准制"两种形式。美国监管部门对公开发行的企业债采取的是注册制，其程序为：发行人先选择主承销商，然后选定的主承销商根据公司需求与市场条件对项目进行分析与设计，并将相关财务文件、发行文件报送监管部门进行注册，监管部门依据信息公开原则，对申报文件的真实性、准确性、全面性和及时性进行形式审查，而发行人的营业性质、财力、发展前景、经验情况、债券发行数量与价格等实质条件不作为监管部门的审核要件。在审核时，监管部门不对发行行为和债券本身进行价值判断，企业债申报文件提交后，在法定期间监管部门若无异议，发行申请就自动生效。

在美国，企业债券交易的流动性很强，甚至国外发行人以及国外投资人也可参与美国债券市场交易。绝大部分企业债交易是在场外以报价驱动方式进行，场外市场是债券市场的最主要组成部分，而交易所场内市场只是一种补充。企业债的投资者主要是一些金融机构，最大的投资者是人寿保险公司和养老基金。

根据发行对象的范围不同，美国企业债的发行方式为公开发行和私募发行，准入相对宽松，监管灵活。美国企业债品种齐全、设计灵活多样、衍生品市场也发达，这些都给予投资者众多投资选择和管理风险的方式。市场化程度高、利率形成机制完善，这些大大促进了企业债市场供需平衡。另外，商业评级制度严格及客观、交易系统发达、中介服务配套等，都是美国发展成为最发达的债券市场的先决条件。

除了传统的国债和企业债以外，近年还有很多资产证券化债券发行。资产证券化债券以住宅抵押贷款和商业抵押贷款为主，除此之外还有大量的 CDO 和 CBO 等。这些债券的发行实体通常是特殊项目公司，其资产就是住宅抵押贷款和商业抵押贷款等，所以资产证券化的债券也具有违约的可能。众所周知，过度的不良资产的证券化是造成 2008 年金融危机的一个重要原因。

1.2 中国固定收益市场结构

我国广义的固定收益市场产品众多，规模巨大，主要产品包括银行存款、债券（包括利率债和信用债）以及外汇资产等。银行存款是公众最为熟悉的固定收益产品，主要包括活期存款、定期存款、大额存单、同业存单等。债券是典型的固定收益金融产品，发行人按期支付利息，到期偿还本金。我国债券品种主要有国债、地方政府债、金融债、短期融资券、中期票据、企业债、公司债、资产证券化债券、定向工具等。

从交易体系上讲，我国的债券市场形成了包括交易所（上交所、深交所）市场、银行间市场和商业银行柜台市场三个子市场在内的统一分层的市场体系。交易所市场的参与者既有机构投资者也有个人投资者，属于批发和零售混合型的市场。银行间市场的参与者限定为各类机构投资者，属于场外批发市场。商业银行柜台市场是银行间市场的延伸，参与者限定为个人投资者，属于场外零售市场。

债券发行主体包括财政部、中国人民银行、地方政府、政策性银行、商业银行、财务公司等非银行金融机构，以及非金融企业或公司等。

我国所有的投资者都可以通过不同形式参与债券市场，投资主体包括中国人民银行、政策性银行等特殊机构、信用社、商业银行、非银行金融机构投资者和个人投资者。

我国债券市场基本实现了债券登记、托管、清算和结算集中化的管理，相应的机构包括中国证券登记结算有限责任公司、中央国债登记结算有限责任公司和上海清算所。

我国的债券市场监管机构主要包括发改委、财政部、人民银行、证监会和银保监会等。对债券市场的监管体系可以分为债券发行监管、挂牌交易和信息披露监管、清算结算和托管监管、市场参与主体的监管以及评级机构等相关服务机构的监管等。

1.3　固定收益衍生品

利率债和信用债都是现金产品或者称为基础产品。为了投资这些产品一般都需要全额的资金。除了现金产品以外，市场还发展出来衍生品。在成熟的资本市场中，有什么样的基础产品，就会发展出来对应的衍生产品。股票市场如此，固定收益市场也如此。基础产品可供投资，衍生品可以用来对冲风险。常见的固定收益衍生品有利率衍生品、债券衍生品、信用衍生品等。在市场上，这些衍生品的交易量巨大。

利率衍生品是对于利率债和信用债重要的风险对冲工具。在美国市场，利率衍生品的种类主要有线性产品和非线性产品。线性产品有国债远期和期货、利率远期、利率掉期。非线性产品有利率顶和利率底、利率掉期期权等。其中利率掉期的名义交易金额在全球交易中最高。

债券衍生品有场内的国债期货，还有在场外的债券期权。通常基础产品都是国债，因为国债的信用风险几乎可以忽略。这些产品可以用于对未来的利率走势做出对冲或者判断。

信用衍生品最常见的是信用违约互换。信用违约互换的基础产品是信用主体发行的信用债。信用违约互换的买方每隔一段时间支付定额现金，换取一旦信用主体违约情况下的补偿。上述三种固定收益的衍生品在美国都有巨额交易。

中国固定收益证券及其衍生品市场最活跃的是利率掉期市场、债券期货市场和货币掉期市场。人民币目前尚不能完全自由兑换，因此存在一个相对完善的无本金交割的离岸利率掉期市场。在岸市场和离岸市场之间的利差通常很小。

2013 年，5 年期的债券期货在中国金融期货交易所开始交易。在这之前，债券期货市场曾在 1995 年被叫停。后来 2 年期和 10 年期的国债期货也相继交易。

债券远期交易是指交易双方约定在未来某一日期，以约定价格和数量买卖标的债券的行为。目前，我国债券远期交易处于发展初期阶段，成交规模较小，市场流动性较低。债券远期交易的标的券种包括已在全国银行间债券市场进行现券交易的国债、央票、金融债和经中国人民银行批准的其他债券券种。在债券远期推出初期，标的券种主要为国债，此后政策性金融债逐渐成为主要标的券种。

为配合我国利率市场化的改革和债券市场快速发展的需求，中国人民银行在 2006 年发布了《开展人民币利率掉期交易试点有关事宜的通知》，推出了利率互换交易试点，此后，中国人民银行在总结利率掉期试点经验的基础上，于 2008 年全面开展人民币利率掉期业务。

从 2006 年起，我国银行间市场相继推出利率掉期、债券远期及远期利率协议等几种利率衍生品，此后各类利率衍生品交易量持续快速增长。其中利率掉期的发展最为迅速，名义本金成交额快速上升，近年来其交易量占利率衍生品市场总规模的 90% 以上，已经成为国内银行间市场最主要的衍生品。人民币利率互换交易额从 2006 年二季度的 25 亿元增长到 2018 年二季度的 57 729 亿元，年均复合增长率超过 90%。

自利率掉期推出以来，市场的交易品种不断增加，交易规模日益扩大。从浮动利率挂钩的标的看，分为基于 1 年期定期存款利率的利率互换，基于 7 天回购定盘利率（FR007）的利率掉期以及基于上海银行间同业拆借利率（SHIBOR）的利率掉期（主要是基于 3 个月 SHIBOR）。从期限上看，主要有 1 年、2 年、3 年、4 年和 5 年五个品种，其中 3 年期以内（含 3 年期）的产品占总成交量的 70% 左右。

我国固定收益衍生品也有远期利率协议（FRA）。这个协议规定交易双方在未来某一日期，交换协议期间内一定名义本金基础上分别以合同利率和参考利率计算的利息。其中，远期利率协议的买方支付以合同利率计算的利息，卖方支付以参考利率计算的利息。总之，我国场外利率衍生品市场产品体系基本完备，取得了一定发展。相对而言，利率掉期发展最为迅速，逐步占据场外利率衍生品市场的主导地位。

目前，我国场外利率衍生品的品种基本完备，但是场内利率衍生品市场刚刚起步。无论是从国际利率衍生品发展趋势来看，还是从我国金融市场发展现状来看，未来我国都需要加快发展场内利率衍生品市场。

2 利率和银行账户

本章介绍利率的基本概念。利率是固定收益产品收益的核心概念。先介绍银行存款账户以及短期利率。虽然银行也会有破产的时候，但是银行的破产风险比较其他的投资还是明显要低得多（比如美国银行的存款在一定数额内有 FDIC 提供保险）。基于这个原因，在数理金融中一般还是把银行的利息看成风险很低甚至是没有风险的一种收益。从模型上讲，短期利率以及未来对于短期利率的预期构成了长期利率，而且长期利率体现在债券价格上也可以看成是未来短期利率的一个非线性函数的期望。

2.1 银行存款账户

为了讨论金融中的计量问题，我们必须理解一个基本原则：现金的价值是随时间而变化的。若干年后的 1 元和今天的 1 元价值是不同的。

当我们在银行里存入 1 元时，通常在未来的任意时刻，账户里除了原有的 1 元，还会得到利息（Interest）。如果银行的年利率（Interest Rate）是 r 且每年计息一次，一年后将得到 $(1+r)$ 元。有时银行是每半年计息一次，这种情况下，半年后银行会把本金和利息合并在一起，成为 $(1+r/2)$ 元并且将这作为下次计息的本金，再过半年银行存款将会是

$$\left(1+\frac{r}{2}\right)+\frac{r}{2}\left(1+\frac{r}{2}\right)=\left(1+\frac{r}{2}\right)^2$$

如果银行每月计息一次，容易知道，年末银行的存款将是

$$\left(1+\frac{r}{12}\right)^{12}$$

类似地,如果银行每天计息一次,假定一年有 365 天,年末银行的存款将达到
$$\left(1+\frac{r}{365}\right)^{365}$$

直观上看,计息越频繁,一年后银行账户的存款将越多。问题是,如果银行按小时,甚至按分、按秒计息,银行账户存款会涨爆么?答案是否定的,因为在微积分中,我们都知道极限的存在:
$$\lim_{n\to\infty}\left(1+\frac{r}{n}\right)^n = e^r, \quad e = 2.718\cdots \tag{2.1}$$

极限的情况称为连续复利计息(Continuous Compounding)。图 2.1 显示了在计息频率增加时银行存款的收敛情况。

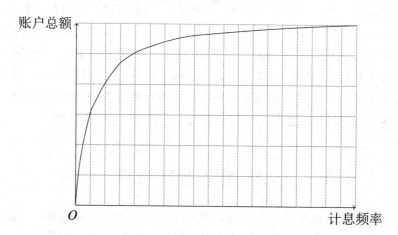

图 2.1 计息频率增加时银行存款的收敛情况

当利率为常数 r,且连续复利计息时,从零时刻开始,到 t 时刻银行存款价值将成为
$$\lim_{n\to\infty}\left(1+\frac{r}{n}\right)^{nt} = e^{rt}$$

相反地,t 时刻的 1 元,在零时刻值 e^{-rt}。所有的这些讨论都是基于利率 r 是个常数的假设。如果利率随时间而变化呢?中央银行比如美联储每个季度都可能会调整利率,所以假设利率随时间变化显然更为合理。为此把时间段划分成
$$0 = t_0 < t_1 < \cdots < t_{i-1} < t_i < \cdots < t_n = t$$

假设利率从 t_{i-1} 到 t_i 之间是常数 r_i，那么易知，在连续复利计息下，银行存款价值成为

$$e^{r_1 \Delta t_1 + r_2 \Delta t_2 + \cdots + r_n \Delta t_n}$$

此处，$\Delta t_i = t_i - t_{i-1}$ 是时间差。当 n 趋向无穷大时，时间段分得无穷细，将得到一个利率的时间函数 $r(s)$，称为短期利率（Short Term Rate）。银行账户存款成为以下带有积分形式的表达式：

$$\exp\left(\int_0^t r(s)\,\mathrm{d}s\right) \tag{2.2}$$

相应地，在短期利率非随机的情况之下，t 时刻的 1 元，在零时刻应该有价值

$$\exp\left(-\int_0^t r(s)\,\mathrm{d}s\right) \tag{2.3}$$

可见银行账户的资产总值随着时间的变化而变化。银行账户是讨论金融问题的一个基本参照点，因为这种资产能够带来没有任何风险的收益。当一种投资策略带来的收益要小于银行存款利率并且还带有亏损风险的话，那样的决策从金融角度上讲将是不明智的。

2.2 天数计算

前面讲的关于利息的复利计算是在比较理想的情况下进行的，一般来讲，利息的计算还是要精确到天的。利息计算中的利率都是以年化利率的形式给出来的。但是如果利息支付的时间没有到完整的一年，那该怎样计算利息呢？既然储蓄的时间没有到一年，利息的支付应该和储蓄的时间占一年的百分比有关。比如我们的计息开始（但是不包含）的日期是 $J1$，计息结束的日期是 $J2$，那么从 $J1$ 到 $J2$ 的计息因子就是

$$\frac{\mathrm{daycount}(J1, J2)}{N}$$

这里我们引用了一个函数 daycount 来计算从计息开始到计息结束共有的天数，而 N 代表全年的天数。在现实生活中，一年的天数有变化，每个月的天数也不尽相同。这样就产生了天数计算的问题。

一般在北美的固定收益市场上比较常见的天数计算方法有下面几种：

（1）30/360
（2）ACT/365
（3）ACT/ACT
（4）ACT/360

方法（1）是假设每个月无论是什么月份都有 30 天，而一年有 360 天。具体的方法是这样的。我们知道每个日期都可以写成为 (Y, M, D) 的形式，其中，Y 代表了年份，M 代表了月份，而 D 代表了天。比如 1972 年 7 月 15 日就可以写成为（1972, 7, 15）。现在如果计息开始的日子是 $J1 = (Y1, M1, D1)$，而计息结束的日期为 $J2 = (Y2, M2, D2)$，在上面的计息因子计算中的 $N = 360$，而且

$$\mathrm{daycount}(J1, J2) = 360 \times (Y2 - Y1) + 30 \times (M2 - M1) + (D2 - D1)$$

但是 D 必须有所调整。根据的规则是：

（1）如果本来 $D1 = 31$，那么重新设定 $D1 = 30$。
（2）如果 $D2 = 31$，而且 $D1 = 30$ 或者 $D1 = 31$，那么重新设定 $D2 = 30$。

在 Excel 中，有这个函数，其名字是

$$\mathtt{days360(J1, J2)}$$

这种方法在北美债券交易的计息中非常普遍，就是由于其方法非常简单，而且在复利发生在每个季度或者每半年的时候，计算的结果跟我们前面讲到的一样。

方法（2）在计算上比较简单。具体上讲无论是否闰年，都假设一年是 365 天。而天数的计算也是直截了当，就是计算从 $J1$ 到 $J2$ 的日历天数。这种方法的天数计算虽然简单，但是会产生一定的不便。比如，在闰年的时候，全年的实际计息天数是 366 天，但是我们假定了全年的天数是 365 天，所以计息的因子就成为 $366/365 \approx 1.0027$。即使在非闰年的情况下，从 1 月 1 号，到 6 月 30 号有 182 天，从 7 月 1 号到 12 月 31 号有 183 天，这样虽然都是半年，其利息却不一样。

方法（3）和方法（2）相近，只是分母不是固定的 365 天，而是用下面的公式计算

$$\text{daycount} = \begin{cases} \dfrac{\text{实际天数}}{366}, & \text{闰年} \\[2mm] \dfrac{\text{实际天数}}{365}, & \text{非闰年} \end{cases}$$

方法（4）顾名思义，就是分子用实际的天数，而分母用固定的 360 天。这样造成的结果是每年的实际利息额要比本金与利率乘积本身来得大。

2.3 折现值

有了利率的概念，我们现在终于可以讨论折现值这个重要的概念了。我们已经知道在一定的利率和复利计算方法下单位货币在未来的价值。反过来，未来的单位货币在今天的价值也就很容易得到了。比如利率是 r 并且是每个季度复利一次，那么一年以后的 1 元在今天的价值就应该是

$$\frac{1}{\left(1+\dfrac{r}{4}\right)^4}$$

请注意，我们假定了 30/360 的天数计算原则。在同样的假设下，9 个月以后的 1 元在今天的价值是

$$\frac{1}{\left(1+\dfrac{r}{4}\right)^3}$$

类似道理，半年以后 1 元今天的价值是

$$\frac{1}{\left(1+\dfrac{r}{4}\right)^2}$$

而 3 个月以后的 1 元在今天的价值就是

$$\frac{1}{\left(1+\dfrac{r}{4}\right)}$$

折现值的计算就是利率复利计算的倒数，但是它把未来不同时间的货币拉回到了同一个起点，也就是今天，就便于对未来不同时刻的现金进行平等的比较。

在金融中，把未来的现金价值换算成现在的现金价值是一个很重要的原理。为此需要知道在时刻 t 的折现值，记成 p_t。这个折现值是通过利率和适当的复利计算得到的。如果在

$$t_1, t_2, \cdots, t_n$$

时刻，有现金流

$$c_1, c_2, \cdots, c_n$$

折现值从零时刻到 t_i 时刻为

$$p_1, p_2, \cdots, p_n$$

那么，未来现金流的折现值就是

$$p_1 c_1 + p_2 c_2 + \cdots + p_n c_n$$

这个值又被称为现金流的净现值 (Net Present Value)。

现在通过折现值来看一个在生活中常见的例子，计算购房贷款的应付款。在贷款的时候，有利率和贷款的年限，比如 10 年贷款。每年还一样数目的金额，每年应该还多少呢？我们假定利率是 r，贷款的金额是 100 元。如果金融知识不多，可能会说答案：每年应该还的贷款是

$$\frac{100(1+r)^{10}}{10}$$

但这是不正确的。因为每年还款中已经包含了部分的本金，所以不能一味复利到 10 年。正确的方法应该是假定每年的还款是 x，但是这些还款发生的时间不同，所以应该被折现到同一时间点上，折现的利率就是 r。这样就有了下面的等式

$$\frac{x}{(1+r)} + \frac{x}{(1+r)^2} + \cdots + \frac{x}{(1+r)^{10}} = 100$$

这样每年的还款就是

$$\frac{100}{p_1 + p_2 + \cdots + p_{10}}$$

这里
$$p_k = \frac{1}{(1+r)^k}$$
感兴趣的读者完全可以通过具体计算每年的本金和利息来证实这种做法的合理性。

在表 2.1 里面，我们假设了利率是 5%。可以看到每年付款中的一部分作为应交利息，剩下的用来支付本金的一部分是应付本金，到了最后一年正好本金被完全付清。其中每年的付款额就是通过上面的公式计算出来的。

表 2.1 贷款还款本金利息过程（单位：元）

年	初始本金	贷款还款	利息	本金	剩余本金
1	100.00	12.95	5.00	7.95	92.05
2	92.05	12.95	4.60	8.35	83.70
3	83.70	12.95	4.19	8.76	74.94
4	74.94	12.95	3.75	9.20	65.73
5	65.73	12.95	3.29	9.66	56.07
6	56.07	12.95	2.80	10.15	45.92
7	45.92	12.95	2.30	10.65	35.27
8	35.27	12.95	1.76	11.19	24.08
9	24.08	12.95	1.20	11.75	12.33
10	12.33	12.95	0.62	12.33	0.00

在连续复利的计息下，折现值和利率之间的关系是
$$p_t = e^{-r(t)t}$$
这样未来现金流的折现值就是
$$e^{-r_1 t_1} c_1 + e^{-r_2 t_2} c_2 + \cdots + e^{-r_n t_n} c_n$$
一个例子是，永久年金产品（一种退休养老金产品），每年都需要支付等量现金 c。如果假定贴现利率为 r，并按连续复利计算贴现之后，所有未来现

金流的净现值将成为

$$ce^{-r} + ce^{-2r} + \cdots + ce^{-nr} + \cdots = \frac{ce^{-r}}{1-e^{-r}} \tag{2.4}$$

连续复利通常都在一些理论推导中出现,为的是公式的简洁。在生活和实际工作中,更多还使用离散复利计息(Simple Compounding),也就是以年为计息单位。此时,t 时刻的贴现因子为

$$\frac{1}{(1+r)^t} \tag{2.5}$$

在离散复利计息条件下,永久年金净现值为

$$\sum_{k=1}^{\infty} \frac{c}{(1+r)^k} = \frac{c}{r} \tag{2.6}$$

在房地产业,尤其是出租型的商业地产,人们为了计算具体项目的价值,经常假设一个年出租的净收益,然后用某个离散复利的贴现利率贴现所有的未来净收益。如果每年净收益为 c,贴现利率为 r,那么,未来净收益的贴现值将是 c/r,这个值常用来给商业地产的交易定价。可以看到,r 越大,交易值越低;r 越小,交易值越高。

3 债券产品和债券数学

银行存款的账户因为有储蓄保险，可以为一定数额之内的储蓄存款提供保护，所以通常被认为是没有风险的。除了银行账户以外，还有一类重要的可以被认为违约风险较低的固定收益资产，就是国债。由于国债发行方是政府，政府的信用使得本金和利息没有违约风险，为本金和利息的支付提供了信用保证。虽然在某些国家，政府的债券也有过违约，但是在本章中为了集中精力讨论利率风险，暂时忽略违约造成的信用风险。

银行账户和债券虽然同属固定收益产品，但是具有不完全相同的收益结构。同时在衍生品定价理论中，这两种产品还扮演着重要的角色。银行账户扮演风险中性概率测度的角色，而债券使用则扮演着一个远期测度的角色。

研究债券不仅要研究其定价，还要研究久期和凸性。这些概念对于理解债券组合风险和对冲至关重要。但是我们在定义久期的时候不会拘泥于一般书本上的定义，而是着眼于其在债券实际交易中的应用。

3.1 债券基本特征

第 2 章介绍了银行账户的基本概念。假如我们今天有 1 元钱，把它存在银行账户里，那么在未来的时间 T 时刻，银行账户的钱会增加。通过银行账户这一金融工具，可以把我们现在的钱投资并使之升值。

一般情况下，作为银行账户的拥有者，我们并不确切知道在未来的 T 时刻银行账户的钱会有多少，这样给投资带来一些不确定性。在实际生活中，我们确切地知道，在将来的某些已知时刻，会有一定的现金支出。我们想现在存一笔钱或投资,以确保将来有钱来支付一些预知的开销。仅仅把一定的资金存在银行,由于利息的不确定性,不能确保以后账户的资金不多不少正好是所需要的。但是固定收益债券就可以做到。下面就来介绍一下固定收益债券的基本概念和特征。

固定收益债券是指债券的发行者（国家、公司、企业等）允诺给债券的持有者在未来的某些特定日期支付一定的息票,并在债券到期之时归还本金的有价证券。在这里,债券的发行人一般称为借款方或债务人,债券的持有者一般称为存款方或债权人。现在金融市场上,存在着各种各样的债券。不同债券之间的差别主要在于:

（1）发行方。由于不同的债券发行方有不同的违约风险,因此进行投资时分析债券发行方的违约风险非常重要,这也使得发行方主体成为区别不同债券的一个重要特征。一般说来,国家债券由于以国家的税收和其他财政收入为担保,其违约风险是很低的,因而是保守投资者的首选。而公司发行的公司债券由于公司盈利的不确定性,其违约风险要大些。本章主要讲述无违约风险债券。

（2）到期日。一个债券的到期日是指债券的发行方全部归还债权人本金及利息的日期。在到期日后,债券将不复存在,债券的借款方和债权人之间的借贷关系也将解除。例如,一个债券的到期日是2017年12月20日,那么到2017年12月20日,借贷人要支付债权人所有剩余的本金和利息,借贷双方的借贷关系终止。实际上,我们通常还以到期期限来描述一个债券的到期日。到期期限是指从现在到到期日还剩下多少时间,一般以年为单位。例如,一个债券的到期期限是5年,那么是指该债券在5年后到期。一般来说,到期期限在1年到5年以内的称为短期债券,5年到12年以内的称为中期债券,到期期限在12年以上的称为长期债券。到期日是债券的一个重要特征,它反映了债券持有者期望在什么时候有现金流发生,而且不同到期日的债券有着不同的收益率和不同的利率风险,从而满足不同投资者的投资需求。收益率在这里是一个新的概念,我们将在以后的章节中讲述。

（3）面值。一个债券的面值是指除去利息外债券的发行人同意在债券的到期日时支付给债券持有者的数目,也称作债券的本金。债券可以有各种不同的面值。债券的息票也是建立在面值之上的。

（4）价格。债券价格就是债券市场交易价格。直观上讲，债券的价格是跟面值成正比的。因此，为了计价上的方便，我们一般以债券本身的价格占其面值的百分比来描述债券的价格。例如，一个债券的价值为 90 而其面值为 1 000，则购买此债券的实付金额为

$$1\ 000 \times 90\% = 900$$

一个债券的价值为 110 而其面值为 1 000，则购买此债券的实付金额为

$$1\ 000 \times 110\% = 1\ 100$$

债券的价格可以高于面值、低于面值或者等于面值。我们将在以后的章节中详细讲述债券的定价和计价。

（5）息票率。息票率是指每年付给债券的持有者的利率。一个债券每年的利息支付数额称为息票。息票的具体值是由债券的面值和息票率决定的。例如，一个债券的面值为 1 000，息票率为 5%，则其息票为

$$1\ 000 \times 5\% = 50$$

在描述债券时，息票率一般是跟到期日一起规定的。例如，"3S 12、20、2015"是指该债券在 2015 年 12 月 20 日到期，其息票率为 3%。

（6）息票支付频率。息票支付频率是指债券每年支付息票的次数。常见的息票支付频率为一年 0 次（例如无息债券），一年 2 次（美国国家债券），一年 12 次（房贷债券）。面值、息票率和息票支付频率决定了每次息票的支付数额。

3.2 无息债券

除了正常带有利息的债券以外，还有无息债券（Zero Coupon Bond）。无息债券是一种有固定收益的债券，本金只在最终的到期日付给投资人，中间没有任何利息。虽然中间没有利息，但并不表明投资这种债券无利可图。投资人往往付出比本金少的价钱就可以购买这种债券，所以利息其实是被隐含在初始的折现价格里了。

我们在这里还是考虑无风险的债券。由于这种债券没有利息，初始价格自然要少于本金，但是初始价格到底是多少，取决于从现在至到期日

的利率。在 T 时刻到期的本金为 1 元的无息债券在 t 时刻的价值通常记为 $B(t,T)$ 或者 $B_t(T)$。当利率是非随机的并等于常数 r 时，可以想象，初始价格在连续复利计息时不断地计息，而结果成为 1 元，那么，初始价格只能是 $B(t,T) = e^{-rt}$。当利率是非随机的但并不等于常数 r，而是个时间函数 $r(s)$ 时，初始价格只能是

$$B(t,T) = e^{-\int_0^t r(s)\,ds}$$

如果短期利率是随机的，那么 $\exp\left(-\int_0^t r(s)\,ds\right)$ 也将是随机的，而不是一个确定的量。然而，市场上是时时刻刻交易无息债券的(也可以从有息债券的组合中得到)，故而无息债券应该是短期利率的某种概率下的期望，可以写成

$$B(0,t) = E\left(e^{-\int_0^t r(s)\,ds}\right) \tag{3.1}$$

其中，我们在适当的概率空间上取了期望。如果想要模拟短期利率的未来行为，公式 (3.1) 应是一个约束条件。既然 $B(0,t)$ 的值在市场上已经给出，也可以将其转化成一种利率：从零时刻到 t 时刻的连续复利利率

$$B(0,t) = E\left(e^{-\int_0^t r(s)\,ds}\right) = e^{-r(0,t)t} \tag{3.2}$$

这样，针对每一个时间 t，都会有个连续复利利率 $r(0,t)$。请注意，这个利率 $r(0,t)$ 与短期利率 $r(t)$ 是不同的。复利利率 $r(0,t)$ 是从今天到时刻 t 的利率，是今天可观察到的，但是短期利率 $r(t)$ 是将来在 t 时刻才可以知道的，在今天只是一个随机变量。通过这个公式，无息债券的初始价格与连续复利利率之间可以互相换算。给出了无息债券的初始价格，也就是给出了连续复利利率。

在市场上，不同的 t 时刻利率是不同的。图 3.1 给出了中国国债在不同年度到期的利率。可以看到，1 年，2 年，直至 30 年的利率都不同。

无息债券的价格 $B(0,t) = B_0(t)$ 很适合作为前面讲述到的折现因子。所以在不同时间点上

$$t_1, t_2, \cdots, t_n$$

有现金流

$$c_1, c_2, \cdots, c_n$$

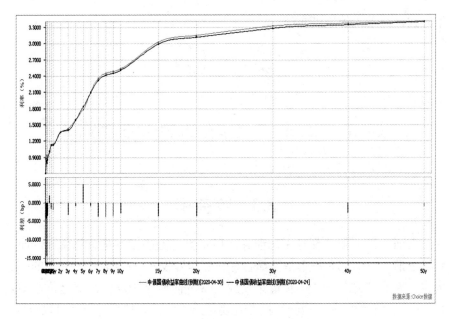

图 3.1 中国国家债券的利率图

那么对于这些现金流对应的折现值就是

$$B(0,t_1)c_1 + B(0,t_2)c_2 + \cdots + B(0,t_n)c_n$$

这里顺便补充一下，在上面的讨论中，无息债券的价格和短期利率之间应该满足

$$B(0,t) = E\left(e^{-\int_0^t r(s)\,ds}\right)$$

但是为什么不能定义为

$$\tilde{B}(0,t) = \frac{1}{E\left(e^{\int_0^t r(s)\,ds}\right)}$$

呢？其实不难从金融上把握这个现象的本质。一个是在不同的利率路径下的折现值的均值，另一个是在不同的利率路径下未来的价值的均值的倒数。显然我们看到还是前者更加适合作为折现值的定义。但是因为有下面的凸

不等式，对于正的随机变量，

$$\frac{1}{E(X)} \leqslant E\left(\frac{1}{X}\right)$$

从而有

$$\tilde{B}(0,t) = \frac{1}{E\left(e^{\int_0^t r(s)\,ds}\right)} \leqslant E\left(e^{-\int_0^t r(s)\,ds}\right) = B(0,t)$$

3.3 收益率

上面讲到的债券都是无息债券，但是更普遍的债券是有息债券，即在到期之前，每年或者每个季度都会有利息作为收入。比如一个10年的有息债券，其利息是每年5%且每年发放一次，面值是100元，但是价格却是101元。为了投资这个债券，投资者要付出101元，然后每年还可以收入5元，在10年后的到期日可以收回当年的利息5元和面值100元。从现金流上看债券的投资价值不很直观，为了更加直观地分析，就需要引入收益率的概念。

在分析债券时候，有几种收益率的概念。最简单的就是名义收益率。在上面的例子中，名义收益率就是每年的利率。上面的利率是5%。但是显然这个收益率没有考虑到债券交易的价格。如果债券交易价格是面值的话，这个收益率比较合理，但是债券交易价格不等于面值时名义收益率就不完全反映初始的投资。

为了考虑债券交易价格，我们引入当期收益率的概念。当期收益率的定义就是把价格作为分母，所以在上面的例子中，当期收益率是

$$\frac{5\%}{101} \times 100 = 4.95\%$$

但是这个收益率仍然不精确。因为这个收益率的概念没有考虑到债券的到期时间。只要是利率一样，初始价格一样的债券，无论到期时间多长，其计算出来的实际收益率都一致。这显然也不够完备。为了把到期时间也考虑进去，我们考虑到期收益率的概念。到期收益率指的是一个利率，如果把它应用到债券的每一年作为贴现利率的话，可以得到初始的价格。在

这个定义之下，可以知道到期收益率 r，而且用离散复利来计算，就有

$$101 = \frac{5}{1+r} + \frac{5}{(1+r)^2} + \cdots + \frac{5}{(1+r)^9} + \frac{105}{(1+r)^{10}}$$

可以很容易地用 Excel 或者其他工具来解出这个方程，得到 $r = 4.871\%$。其实在 Excel 中还专门有个函数 IRR() 可以用来解这个问题。

一般来说，可以定义一个债券的到期收益率就是个离散复利（或者连续复利）的利率，使得在它作为贴现率的情况下，债券将来的现金的贴现值就等于今天的债券价格。比如，一个债券在第 t_i 时刻的现金收益是 c_i，今天的价格是 c，在连续复利下，本金是 1 元钱的到期收益率 r 就要满足下面的公式：

$$c = \mathrm{e}^{-rt_1}c_1 + \mathrm{e}^{-rt_2}c_2 + \cdots + \mathrm{e}^{-rt_n}c_n$$

用离散复利计算的公式也可以照此得出。举个简单的例子，上面的时刻是每一年，而且我们的计息方式就是每年计息一次。那么上面到期收益率的等式就成为

$$c = \frac{c_1}{(1+r)} + \frac{c_2}{(1+r)^2} + \cdots + \frac{c_n}{(1+r)^n}$$

很有意思的一个事实就是，在上面的等式中当每个 $i < n$ 的时候让 $c_i = r$，而 $c_n = 1 + r$，那么就有

$$1 = \frac{r}{(1+r)} + \frac{r}{(1+r)^2} + \cdots + \frac{1+r}{(1+r)^n}$$

一个债券价格为面值的时候称为平值债券。上面等式就说明一个平值债券的到期收益率就等于其名义收益率，也等于其表面利率票面利率。据此也容易看出来，在债券价格小于面值时，到期收益率大于票面利息；在债券价格大于面值时，到期收益率小于票面利息。

到期收益率和债券价格之间的关系如图 3.2 所示。到期收益率与债券价格之间显然不是线性关系，而这个非线性关系显然是凸函数。使用线性关系来逼近非线性关系是下一节要展开的久期和凸性的概念。

到期收益率的金融含义是什么呢？它首先描述的是一个盈利的利率，而且为了实现这个盈利，还需要假设以后任何时候收到的现金都可以同样的利率再投资，直到把本金完全收回为止。这个假设在现实生活中未必正确。因为利率环境往往是变化的，今天看到的利率环境，以后未必会完全

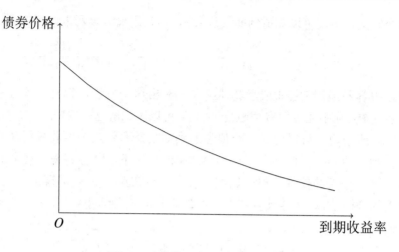

图 3.2 到期收益率和债券价格

一样。所以到期收益率中的这一隐含条件在现实中是不能够实现的。但是到期收益率概念仍然因其简单实用而流行。

3.4 久期和凸性

交易债券的交易员们喜欢问,如果债券的回报率变化的话,债券的价格将会如何变化呢?回答这个问题可以这样看:如果把上述公式看成是价格对于回报率的函数的话,那么将有

$$f(r) = e^{-rt_1}c_1 + e^{-rt_2}c_2 + \cdots + e^{-rt_n}c_n$$

由在数学中熟知的导数运算可以知道

$$f'(r) = -t_1 e^{-rt_1}c_1 - t_2 e^{-rt_2}c_2 - \cdots - t_n e^{-rt_n}c_n$$

这就表明了如果回报率从 r 变化到 $r + \triangle r$ 的话,那么债券的价格将会从 $f(r)$ 变化到 $f(r + \triangle r)$,其中有近似表达:

$$f(r + \triangle r) \approx f(r) - (t_1 e^{-rt_1}c_1 + t_2 e^{-rt_2}c_2 + \cdots + t_n e^{-rt_n}c_n) \cdot \triangle r$$

这样债券价值变化的百分比就是

$$\frac{f(r+\triangle r)-f(r)}{f(r)} = -\left(\frac{t_1 e^{-rt_1} c_1 + t_2 e^{-rt_2} c_2 + \cdots + t_n e^{-rt_n} c_n}{e^{-rt_1} c_1 + e^{-rt_2} c_2 + \cdots + e^{-rt_n} c_n}\right) \cdot \triangle r$$

把括号中的量称为债券久期（Duration）。可以看到，债券久期其实就是债券的价格对到期收益率的一阶导数占比债券价格。

在离散复利情况下，我们有类似的公式。假设债券的票面利率为 c，到期收益率为 r，就有

$$f(r) = \frac{c}{1+r} + \frac{c}{(1+r)^2} + \cdots + \frac{1+c}{(1+r)^n}$$

同时债券价格对到期收益率的导数是

$$f'(r) = -\left(\frac{c}{(1+r)^2} + \frac{2c}{(1+r)^3} + \cdots + \frac{n(1+c)}{(1+r)^{n+1}}\right)$$

所以在无息债券情况下，久期最容易计算，因为其久期就是债券的到期时间。这也是久期这个名词的来历之一。但是当债券不是一个无息债券的时候，显然，久期不等于债券的到期时间。实际上，因为有息债券也可以看成是许多无息债券的组合，所以有息债券的久期其实是所有的这些无息债券的久期的加权平均。

债券价格作为对到期收益率的函数的二阶导数有用处吗？其实，的确也有很大的用处。我们熟知在微积分里有 Taylor 展开

$$f(r+\triangle r) \approx f(r) + f'(r)\triangle r + \frac{1}{2} f''(r)(\triangle r)^2$$

所以债券函数的二阶导数可以给出对债券真实价格更精确的逼近。由简单的计算当然可以知道，有

$$f''(r) = t_1^2 e^{-rt_1} c_1 + t_2^2 e^{-rt_2} c_2 + \cdots + t_n^2 e^{-rt_n} c_n$$

从这个式子可以看出，用久期来线性地逼近债券价格产生的误差总是个正的值。这说明债券价格函数对于变量到期收益率来说是个向下凸的递减的函数。

在传统的固定收益教科书里面经常还要讨论其他各种久期定义。其实，这些久期的定义在实际交易中都不如计算一阶差分直接和有用。因为久期

就是帮助理解债券的收益率变化引起的价格变化。没有这个目标，各种久期的计算就会流于形式而失去意义。在传统教科书上，有所谓修正久期的概念，那就是这里使用的一阶导数，其实从交易的角度看，这里不存在修正不修正，而恰恰是最合适的久期概念。

3.5 债券价格转换

到期收益率这个概念，其实仅仅适合于分析单支债券或者是一个具有现金流的项目的收益。一般在市场上会存在多支债券，而且分别都具有不同到期时间和息票率。即便相同到期时间的债券因为具有不同息票率导致其具有不同价格，从价格、到期时间和息票率计算出来的到期收益率也会不一样。这个时候再使用到期收益率就不是很方便，而是需要考虑整个的收益率曲线。构造收益率曲线需要把不同债券的价格之间进行转换。

首先，我们要挑选出来一组具有代表性的债券。具有代表性的债券有两类，一类是无息债券，一类是平价债券。但是在市场中的债券，通常都带有息票，而且其价格也不是平价的。然而我们希望能够计算出来每个到期时间的无息债券的价格。另外，我们也希望从市场正在交易的债券中得到平价债券的到期收益率信息。我们知道平价债券到期收益率就等同于平价债券的息票率。这样做的目的是从交易债券中获得标准化的债券信息。

我们从一个例子来看。中间商从市场上购买了一个 10 年期国债，比如这些国债的利率是每年 5%。这样中间商可以把这个国债的现金流收入分成十个不同到期时间的无息债券再发行出去。第一个是 1 年到期，第二个是 2 年到期，最后一个是 10 年到期。这样就创造出来了所需要的无息债券。从现金流折价上看，应该有

$$P = 5\% \cdot B_1 + 5\% \cdot B_2 + \cdots + 5\% \cdot B_9 + 105\% \cdot B_{10}$$

这里的 P 是该国债的价格，而 B_i 是第 i 年到期的无息债券价格。在这个方程中有十个未知数，但是只有一个方程，无法求解。为此，我们看到，必须用更多不同期限债券的信息才能解出所有无息债券的价格。比如说，我们收集了所有的 1 年到期，2 年到期，一直到 10 年到期的市场交易债券的信息。这些债券价格分别是 $P_1, P_2, \cdots, P_{10}$。他们的息票分别是

$c_1, c_2, \cdots, c_{10}$。这样有方程

$$P_1 = (1+c_1)B_1$$
$$P_2 = c_2 B_1 + (1+c_2)B_2$$
$$\vdots$$
$$P_{10} = c_{10} B_1 + c_{10} B_2 + \cdots + (1+c_{10})B_{10}$$

写成矩阵的形式,即

$$\begin{pmatrix} P_1 \\ P_2 \\ \vdots \\ P_{10} \end{pmatrix} = \begin{pmatrix} 1+c_1 & & & \\ c_2 & 1+c_2 & & \\ \vdots & \vdots & \ddots & \\ c_{10} & c_{10} & \cdots & 1+c_{10} \end{pmatrix} \begin{pmatrix} B_1 \\ B_2 \\ \vdots \\ B_{10} \end{pmatrix}$$

根据线性代数的方法,可以解出来这个方程组,求得 $B_1, B_2, \cdots, B_{10}$。这个一步步从一般债券价格中求解无息债券的过程就称为迭代。

一旦有了无息债券的价格,平价债券的息票信息也一样可以得到。因为平价债券的价格是 1,假设它的票面利率为 c,那么应该有方程

$$1 = c \cdot B_1 + c \cdot B_2 + \cdots + cB_9 + (1+c)B_{10}$$

所以得到

$$c = \frac{1 - B_{10}}{B_1 + B_2 + \cdots + B_9 + B_{10}}$$

需要注意上述推导过程忽略了所有的天数计算,同时也假设了所有债券的付息时间完全一致。实际中并非如此,但是公式的计算原则还是一样的。

至此,我们看到从理论上说,有了市场的债券信息,实现无息债券价格与平价债券票面利率之间的转换是可能的。在上述理论推导中,我们看到需要市场交易债券的息票日期都重合在一起。但是在实际市场中,却不是这样的。在以后的篇幅中我们会继续讲述这个问题。

3.6 债券无套利的条件

给定一组债券,如何判断这些债券之间会不会有套利的机会呢?所谓套利指的是,构造一个债券组合,包含多头和空头头寸,使得我们在初始

不需要投资，却在以后的日子里获得确定的正现金流。因为每个债券有不同的到期时间、不同的票面利率等，这个问题似乎很难得出结论。

如果有两个国债，到期时间相同、票面利率相同，但是具有不同的交易价格，这显然存在套利机会。我们可以买入便宜债券卖出贵的债券。如果有另外两个国债，到期时间相同、交易价格相同，但是具有不同的息票，显然也会存在套利。我们可以买入息票高的卖出息票低的债券。

如果两个债券有相同到期时间，但是具有不同的价格、不同的票面利息，这个问题就不容易得到解答。比如两个 5 年债券，一个票面利率是 5%，价格是 100；另一个票面利率是 5.5%，价格是 103。如果我们计算到期收益率的话，发现第一个债券的到期收益率是 5%，而第二个债券的到期收益率是 5.038%。但是这并不表明这两个债券之间可以套利。

我们再看有三个债券的例子（表 3.1）。

表 3.1 债券套利

债券	到期时间	息票	价格
1	10	8%	117.00
2	10	6%	103.00
3	10	4%	87.00

用 $B(0,t)$ 表示在时刻 t 到期的无息债券价格。那么就应该有

$$A(0,t) = B(0,1) + B(0,2) + \cdots + B(0,t)$$

从上面可以得到

$$8\% \times A(0,10) + B(0,10) = 1.17$$

$$6\% \times A(0,10) + B(0,10) = 1.03$$

$$4\% \times A(0,10) + B(0,10) = 0.87$$

从而可以得到互相矛盾的 $A(0,10)$ 和 $B(0,10)$。这就是套利的来源。另外，也很容易看到当买入第一个和第三个债券各二分之一，可以复制出来一个息票是 6% 的债券，但是价格仅为 102。从而可以通过卖出第二个债券完成套利。

在给出不同到期时间的债券以后，可以提炼出所有到期时间为 T 的无息债券价格 $B(0,T)$。所以，问题就归结为给出 $B(0,t)$ 以后，如何判断有无套利。

我们分成几种情况。如果有某个到期时间 T，使得

$$B(0,T) < 0$$

显然这就是一个套利机会，说明买入这样一个无息债券时不仅不需要付款，还能得到正的现金流。如果是有某个到期时间 T，使得

$$B(0,T) > 1$$

这就说明零时刻卖出该债券可以得到超过本金的现金流，而到期时付出现金流就可以了。这也是一种套利。

进而，如果存在两个点 $T_1 < T_2$，有

$$B(0,T_1) < B(0,T_2)$$

我们断言也一定有套利存在。卖出一个 T_2 点到期的无息债券，买入一个 T_1 点到期的无息债券。在初始的现金流是正的，但是在 T_1 时刻得到本金 1 元，在 T_2 时刻支付本金就可以了。这样就构成套利。从这个例子我们知道，所有的无息债券没有套利的必要条件就是 $B(0,T)$ 作为一个到期时间的函数必须是递减的。

现在可以断言，债券无套利的充分必要条件是所有无息债券价格满足

$$0 < B(0,T) < 1$$

同时函数 $B(0,T)$ 按照时间递减。一旦看到无息债券的价格满足无套利条件，就可以构造带有息票的债券，但是显然这些债券哪怕具有相同到期时间也会有不同的到期收益率。这就说明到期收益率也不是一个很好的度量。

3.7 即期收益率曲线

对于无息债券，也可以计算到期收益率。这个到期收益率，也称为即

期收益率。从无息债券价格 $B(0,t)$，计算对应的收益率，

$$B(0,t) = e^{-Y(0,t)t}$$

这样就有一组连续复利利率 $Y(0,t)$。当然也可以使用简单复利来计算即期收益率

$$B(0,t) = \frac{1}{(1+Y(0,t))^t}$$

其中的 $Y(0,t)$ 叫作今天对到期日 t 的即期收益率，这样整个利率就可以通过从时间到即期收益率的函数

$$T \mapsto Y(0,T)$$

来表示。当时间向前进到 $t>0$ 的时候，同样 $Y(t,T)$ 来表示在时刻 t 计算的对 T 时刻到期的无息债券的即期收益率。而在时刻 t 计算的即期收益率和债券价格之间满足

$$B(t,T) = e^{-Y(t,T)(T-t)} = E\left(e^{-\int_t^T r(u)du}\big|\mathscr{F}_t\right)$$

在这里，数学期望是给定在 t 时刻所有信息 $\mathscr{F}_t$ 的条件期望，是对数学期望的一种推广。由于这个条件数学期望的计算需要 t 时刻的信息 $\mathscr{F}_t$，而即期收益率 $Y(t,T)$ 只有 t 时刻才知道，所以跟在 t 时刻的短期利率 $r(t)$ 一样，也是随机的。在这一节中，我们不详细讨论如何计算这些条件期望，但是直观上来说，任何在 t 时刻或者之前知道的信息，它对 t 时刻的信息 $\mathscr{F}_t$ 的条件期望都是它本身。

这个即期收益率曲线及其在时间上的变化可以刻画整个利率随时间变化的情况。前面提过，如果短期瞬时利率 $r(t)$ 是个随机过程，应该有

$$B(t,T) = E\left(e^{-\int_t^T r(s)ds}\right)$$

然而上面又提出来

$$B(t,T) = e^{-Y(t,T)(T-t)}$$

自然，我们会探索这里面 $Y(t,T)$ 和 $r(t)$ 的关系。

令上面两个表达式相等，就可以建立短期利率和即期收益率之间的关系。在下面推导中，假设所有数学上的技术条件都满足，比方说我们可以

交换求导或者求极限与求条件期望的顺序。对上面公式求导：

$$\frac{\partial}{\partial T}B(t,T) = \frac{\partial}{\partial T}E\bigl(\mathrm{e}^{-\int_t^T r(u)\mathrm{d}u}\bigr) = E\bigl(-r(T)\mathrm{e}^{-\int_t^T r(u)\mathrm{d}u}\bigr)$$

从而

$$\lim_{T \to t}\frac{\partial}{\partial T}B(t,T) = -r(t)$$

而同时，

$$\frac{\partial}{\partial T}B(t,T) = \frac{\partial}{\partial T}\mathrm{e}^{-Y(t,T)(T-t)}$$
$$= -B(t,T)\bigl(Y_T(t,T)(T-t) + Y(t,T)\bigr)$$

所以

$$\lim_{t \to T}\frac{\partial}{\partial T}B(t,T) = -Y(t,t)$$

从而有

$$r(t) = Y(t,t)$$

这就说明了短期利率和即期利率之间的关系。简单说，从无息债券价格中，我们有不同到期时间的即期收益率曲线。即期收益率曲线的时间趋向于零就是短期瞬时利率。

4 远期利率合约

在西方固定收益衍生品市场，远期利率合约（Forward Rate Agreement, FRA）具有较强的流动性，是构成利率衍生品市场的重要基石。

为了推进中国利率市场化进程，中国人民银行在 2007 年也曾推出《远期利率协议管理规定》。远期利率协议的市场参与者包括：具有做市商资格或者结算代理业务资格的金融机构、其他金融机构和非金融机构。商业银行作为银行性金融机构，可以与所有金融机构行远期利率协议。若交易对手为非金融机构，商业银行只能与之进行以套期保值为目的的远期利率协议交易。

其实，作为一种典型的利率衍生品，远期利率协议的推出对于商业银行业务管理具有非常重要的意义。

第一，增强商业银行管理利率风险的能力，对冲商业银行未来的利率风险。随着我国利率市场化程度的推进，商业银行面临着更大的利率波动。比如，2007 年央行总共 6 次加息，受此影响，银行间债券市场收益率水平大幅上升，国内银行的债券资产市值都巨幅缩水，若商业银行签订远期利率协议，锁定未来某一时刻的利率，通过远期利率协议套期保值，将在一定程度上减少债券资产亏损的程度。

第二，合理判断未来利率走势，运用远期利率协议来盈利。商业银行和企业一样，也有追逐利润的动因，基于对未来利率走势的预期，商业银行可以应用远期利率协议来盈利，比如：预期未来利率上升，商业银行可以作为远期利率协议支付固定利率收入浮动利率方，到期时会收到对方支付的差额。

第三，帮助企业规避利率风险，增加商业银行的中间业务收入。随着利率市场化改革，存贷款利率会逐步市场化，企业客户对远期利率协议的需求也会大大增加。比如一家企业预期未来 3 个月内将借款，而该企业担心未来 3 个月内市场利率上升，为了规避这种潜在的利率风险，企业可跟银行签署一份远期利率协议，锁定未来的借款成本，当然银行通常会向企业收取一定的佣金。

在中国，远期利率协议正式开始交易是在 2007 年，经过将近三年的发展，自 2010 年起交易量与交易金额渐渐减少。2011 年以来，远期利率协议在中国的发展减缓，交易量急剧下降，甚至于 2014 年至 2015 年上半年无交易发生。

构成这个问题的原因可能有多种。

第一，远期不能对冲，信用风险大。这是远期利率协议产品本身的问题，由于买入之后不能卖出，只能与另一笔远期利率协议对冲，标准化的远期利率产品的期限可能与银行的风险暴露期限不完全一致，或使用的利率基础存在差异，因而不能将利率风险完全锁定。从国内看来，我国的信用制度还有待完善，因为信用意识还不强、信用制度还不完善的环境将导致远期利率协议的信用风险非常突出。

第二，定价中基准利率的确定。远期利率协议双方在清算日按规定的期限和本金数额，由一方向另一方支付协议利率和届时参照利率之间利息差额的贴现金额，因而涉及参照利率的确定。我国首次远期利率协议所运用的基准利率是上海银行间同业拆借利率。

第三，法律环境的问题。2005 年 3 月起中国银监会颁布并正式实施的《金融机构衍生产品交易业务管理暂行办法》是中国第一部针对金融衍生产品的专门法规，该办法的实施使商业银行实现利率衍生工具创新正式化和合法化。2006 年，中国人民银行启动人民币利率掉期交易试点，2007 年 9 月底中国人民银行颁布了《远期利率协议业务管理规定》，于 2007 年 11 月起施行。远期利率协议业务管理规定对远期利率协议的业务规程、市场准入条件、风险管理和监管作了规定。在今后实施过程中还要进一步完善该规定，比如做市商制度、信用保障机制等。

鉴于这个产品在利率衍生品中具有基础性的作用，我们特此用一章来介绍。

4.1 商品和股票远期合约

为了介绍远期利率这个产品，我们还需要重温一下商品和股票的远期合约。在了解了商品和股票远期合约以后，我们才会对远期利率合同有深刻的认识。

商品的远期合约可能最早源于农产品。农作物未来市场价格的不确定性给种植作物的农民和经销商带来风险。为了对冲这种不确定性，农民和经销商可以签订一个远期合约，锁定未来的价格。在这个合约里面，经销商在未来一个确定的时间以今天规定好的价格购买规定好数量的农产品。农民就是经销商合约中的对手方。

这种远期合约不仅仅对于农产品有价值，对于其他产品也一样有意义。比如对于航空公司，未来航油（经过原油提炼生成）价格波动会给公司带来运营风险。所以航空公司可以和原油厂商签订远期合约以锁定航油价格。

远期合约是甲乙双方签署的合约，还不具备流动性。远期合约进入市场以后，就成为在交易所交易的标准化合约，也就是期货。远期和期货市场的核心功能就是帮助有产品价格风险的双方实现套期保值。

无论是远期还是期货，都是建立在基础产品之上的衍生品。衍生品具有几个特征。第一，每一种衍生品都有基础产品与之对应。第二，衍生品的合约有期限。第三，衍生品的合约到期以后需要交割，一般农产品的交割采用实物交割方式，而接下来要讲的金融属性产品一般采用现金交割方式。第四，衍生品交易一般采用保证金的方式。

农产品、工业原料有远期和期货市场，金融属性的股票和指数也有期货市场。我们接下来从股票、股指的远期和期货阐述无套利原理。股票或指数的远期（Forward）是一个合约：甲方在指定的未来时刻 T 将以确定的价格 K 从乙方购买股票或者股票指数。在此合约中，乙方也同意在未来时刻 T 以固定的价格 K 将股票或股票指数卖给甲方。用 S_T 代表在时刻 T 股票或指数的市值，在到期日，甲方得到的经济价值收益（Payoff Function）就是

$$远期收益 = S_T - K \tag{4.1}$$

这是因为甲方购买的股票的市值为 S_T，而他只付了 K 元。当然乙方的收益

就是 $K - S_T$。理解这个远期合约的关键是：无论届时股价是多少，甲方都要在时刻 T 以价格 K 购买该股票，否则，将承担一定法律责任。同样的，无论届时股价是多少，乙方都要在时刻 T 以价格 K 卖出该股票。这也是远期和期权在权利义务分配关系上的不同之处。另外在时刻 T，甲、乙可以用股票的实物与现金进行交割：甲把现金给乙，乙把股票给甲；甲、乙双方也可以完全以现金进行交割：按照远期收益的正负分配现金。

而指数的远期是一种很受欢迎的金融工具。今后，我们就把股票或股票指数在 T 时刻到期的远期价格记为 $F_T = K$，因为它的价值依赖 T。还要指出，远期在初始点是没有现金流的，交易双方都不会给对方任何的现金作为购买远期的费用。这是因为在初始点远期合约是公平的，其公平性隐含于远期的价格 F_T 上。这个价格是交易市场交易的结果，并非人为制定。

签署农产品的远期合约是为了套期保值，那么为什么人们要签订股票指数远期合约呢？一个原因是其内在的杠杆效应。比如你想一年以后享有股票指数升值的利润，一个方法是购买这些股票指数，一年以后再卖掉。那么在今天就需要大量资金投入而你未必拥有这么多本金。如果选择进入远期合约则不需要这么多本金。一般远期合约的成本仅仅是是签订合约的一方向另一方支付抵押金，抵押金的金额由市场的变化程度和方向来决定。

我们举个例子。沪深 300 指数在今天是 3 000 点。甲乙双方进入远期，甲方在 3 个月后向乙方购买沪深 300 指数，其购买的价格是 3 010。用我们上面的记号就是 $K = 3 010$。在这个合约里，甲方是希望 3 个月后的指数高于 3 010 点，而乙方是希望指数低于 3 010 点，至少这是符合他们在这个合约里的经济利益的。如果届时，沪深 300 指数是 3 100，那么甲方盈利，乙方亏损。反之亦然。

在签订远期的当天，甲方和乙方没有现金流（除非一方有信誉问题，我们暂时忽略这个问题）。但是在第二天由于沪深 300 指数发生了变化，甲方或者乙方就要向对方交抵押金了。比如第二天的指数是 3 020，因为情况是向着有利于甲方的方向发展，所以乙方要向甲方交大概 10 元的抵押金。第三天，指数又降到 2 990 点，乙方就收回了抵押金，而且甲方还要向乙方交抵押金。这样双方不断地交换抵押金直到到期为止。设置抵押金的目的是为了减少信誉带来的风险。我们讲的是个大概的情况,在实际交易中抵押的要求可能有所不同,但是原理是一致的。

通过这个例子可以看到,甲方为了享受到指数升值的好处,并不需要花 3 000 元购买这个指数,而是通过交少量的抵押金完成这个过程。如果甲方有 3 000 元这么多的现金,也不用买这个指数,而是可以进入两个甚至更多的指数远期,从而享受两倍甚至更多倍的指数升值的收益。这就是杠杆的原理,也是远期存在的一个重要原因。

4.2 远期的交易价格原理

我们先考虑一个例子。不发放红利的甲、乙两公司股票每股的成交价均为 100 元。甲股和乙股的 3 个月远期价格将分别是多少呢?经验不足的投资者会认为这将取决于公司在过去的表现、它们现在的利润情况、未来的现金流以及管理团队的能力等。那么,下面的原理将会使他大吃一惊:它们的远期价格是一样的。事实上,如果简单复利利率是 r,股票或者股票指数的现值是 S_0,它们在零时刻交易的关于时间 T 的远期价格都将是

$$F_T = S_0(1 + rT) \tag{4.2}$$

现在来讨论这个等式成立的原因。如果一个股票或股票指数的远期价格 $F_T > S_0/B(0, T)$,就可以想到一个没有任何风险却百分之百可以盈利的策略:卖掉远期,就是说成为远期协议中的乙方,从银行借现金 S_0,并用来购买股票。到了时间 T,把股票再以 F_T 的价格卖掉,并付给银行本金及利息总共 $S_0/B(0, T)$。最终得到的净值 $F_T - S_0/B(0, T) > 0$。这个过程没有任何的初始投资,又没有风险,却可以保证盈利,这就是我们所说的套利(Arbitrage)。

同样,$S_0/B(0, T) - F_T > 0$ 也是不对的。否则,甲方将会在初始时刻融券同样的股票,进入远期协议,并以 S_0 的价格在市场中卖掉该股,再将这笔钱存入银行。当最终时间到达时,甲方再以 F_T 的价格从乙方买回一股股票,将这一股还掉,并从银行中取出钱。净现金流为 $S_0/B(0, T) - F_T > 0$。于是,可以没有任何初始投资,也无风险地赚钱。这又是一个套利。

真正在现实生活中会发生的是:一旦有一个确定的套利机会,人们

都会去争抢这同一个机会，很快市场价格（在我们的例子里是远期的价格 F_T）就会变动到不再有套利的机会，所以就必须有等式 (4.2)。

请注意我们的结论需要借助假定：① 股票交易是没有成本的；② 卖空是可能的而且无须追加费用；③ 借出与借入的利息是一致的；④ 所有的参与交易者之间没有任何信用风险。然而，如果这些假定不满足，结论就不能成立了。比如，农产品和自然资源远期就并不满足这些假定。因为没有一定的支出是无法卖空玉米、谷类、石油的。同样，我们也需要为长时间贮存这些商品增加开支。这就是为什么农产品和自然资源的远期不满足公式 (4.2)。

4.3 远期利率合约

理解了股票的远期价格的规律，现在来看利率是否也有远期的概念。事实上，在固定收益产品里面确实有远期利率合约。我们知道在任何时刻 T，可以锁定任何一个当前到未来时刻 $T + \triangle T$ 的利率，比如无息债券及其收益率。只要买入在 $T + \triangle T$ 到期的无息债券就可以了。但是如果还没有到达时刻 T，应该怎么锁定同样这段时间的利率呢？类比商品远期合约，可以构造远期利率合约。

比如甲方在未来时刻 T 得到一笔名义本金为 N 的现金。但是甲方希望把这笔名义本金存在乙方，于时刻 $T+\triangle T$ 拿回本金和一个固定的利息。具体方式是甲乙双方签订合约，其中，

（1）在零时刻甲乙双方签订合约，固定名义本金 N 和固定利率 K。

（2）甲方在 T 时刻付给乙方名义本金 N 元。

（3）在 $T + \triangle T$ 时刻乙方付给甲方 $N(1 + K \triangle T)$ 元钱。

通过这样的形式，甲方就完成了对未来时刻 T 与时刻 $T + \triangle T$ 之间融资利率的锁定。对于甲方如此，而对于乙方，也就锁定了这段时间的贷款利率。

上面的方法虽然直截了当，但是构造出的是一种类似于现金产品的合约，因为在时刻 T 甲方要付出全额的名义本金，在到期的时候收回名义本金。如果不想交换名义本金，就可以考虑签署一个等效的衍生品合约。

现在考虑如果甲方没有签署上述合约，没有锁定这个利率，那么他将仍然可以在未来时刻 T 存在银行获得当时的市场利率 r，r 就是从时刻 T 到时刻 $T+\triangle T$ 的利率。如果这个利率低于上述合约里面约定的利率 K 的话，那么甲方损失了 $(K-r)\triangle T$；反过来，如果这个利率高于合约里面约定的利率 K 的话，那么甲方有盈利 $(r-K)\triangle T$。为此，甲方完全可以签订下面的合约：

（1）在时刻 t 甲方和乙方签订合约，固定一个利率 K。

（2）在时刻 T 我们观察从 T 到 $T+\triangle T$ 的利率 r。

（3）在时刻 $T+\triangle T$，如果 $r>K$，那么甲方付给乙方 $(r-K)\triangle T$；如果 $r<K$，那么乙方付给甲方 $(K-r)\triangle T$。

刚刚表述的两种远期利率是等价的，无非是交割方式不同，一种是产品交割，一种是现金交割。既然两种合约等价，合约的利率 K 理论上也应该是一致的。但是第一个合约需要有名义额那么多的现金流，第二个合约是典型的衍生品，不需要有名义额那么多的现金流。而且签订这个合约没有初始费用，合约价值体现在 K 中，这个利率 K 我们称为远期利率。

跟一般衍生品一样，一个远期利率合约需要几种要素：名义额、到期时间、支付时间、固定利率。针对远期利率，我们的问题是，第一，远期利率 K 是否可以通过今天的市场信息所计算出来。第二，作为合约中的一方，比如乙方，是否可以在签订合约以后在市场上对冲自己的风险。这就是我们要讨论的地方。

4.4　远期利率的复制

远期利率合约中的利率在时刻 T 才能够从市场上得到，同时利用无息债券价格的记号表示就是

$$r = \frac{1 - B(T, T+\triangle T)}{B(T, T+\triangle T)\triangle T}$$

我们现在试图把这个利率的表达式在时刻 t 锁定。锁定这个远期利率的方法就是把远期利率合约中的现金流完全用市场的证券的现金流复制出来。

具体地说，假定在 t 时刻，可以观察到所有未来时刻 T 的到期的无息债券的价格。我们今天卖出一个在 T 到期的债券，买入一个权重是

$$\frac{B(t,T)}{B(t,T+\triangle T)}$$

在 $T+\triangle T$ 到期的债券。初始的总交易价格

$$B(t,T) - \frac{B(t,T)}{B(t,T+\triangle T)} \cdot B(t,T+\triangle T) = 0$$

但是在 T 时刻有正的支出 1 元，在 $T+\triangle T$ 时刻收入

$$\frac{B(t,T)}{B(t,T+\triangle T)}$$

是在今天就被固定好的，所以从 T 时刻到 $T+\triangle T$ 时刻的一个远期利率锁定应该是

$$K = \frac{B(t,T) - B(t,T+\triangle T)}{B(t,T+\triangle T)\,\triangle T}$$

也是今天就可以知道的一个价值。既然如此，市场上远期利率的利率 K 就应该是上面的这个价值。

我们使用现金流复制了远期利率的现金流。构造的方法是分别买入和卖出两个无息债券。我们再考虑另外一种逻辑来说明同样的远期利率的推导方法。

考虑在时刻 T，已经可以观察到从 T 到 $T+\triangle T$ 的利率

$$F(T,T+\triangle T) = \frac{1 - B(T,T+\triangle T)}{B(T,T+\triangle T)\,\triangle T}$$

这个利率在远期利率合约中被交换，但是要在时刻 $T+\triangle T$ 完成，交换的现金流为

$$(F(T,T+\triangle T) - K)\,\triangle T$$

如果把这个现金流折现到时刻 T，那么就是

$$B(T,T+\triangle T)\big(F(T,T+\triangle T) - K\big)\,\triangle T$$
$$= 1 - B(T,T+\triangle T) - KB(T,T+\triangle T)\,\triangle T$$

注意到这个等式右边可以看成可交易债券的组合。这些债券分别是时刻 T 到期和时刻 $T + \triangle T$ 到期的无息债券。为了构造这些现金流在时刻 T 的价值，应该在时刻 t 就构造这些债券组合，它们的价格在时刻 t 的值就是

$$B(t,T) - B(t, T + \triangle T) - KB(t, T + \triangle T) \triangle T$$

为了让这个价格为零，所以应该有

$$K = \frac{B(t,T) - B(t, T + \triangle T)}{B(t, T + \triangle T) \triangle T}$$

这就是第二种推导方式。从上面看到，现金流支付的时间选在 $T + \triangle T$ 是非常重要的。如果现金流支付的时间不是 $T + \triangle T$ 而是 T，那么刚刚的推导就进行不下去。这并不是我们不够聪明，而是一个本质问题。若现金流交换时间在其他时刻，最后对应的远期利率的表现形式就不会那么简单。

4.5 本章小结

远期利率合约是一种比较基本的利率衍生品。在 t 时刻，从 T 到 S 时刻（$t < T < S$）的远期利率合约是这样一个契约：交易的甲方在交割日 S 付给交易对手乙方在 T 时刻报价的从 T 到 S 的即期收益率，而乙方则付给甲方基于给定面值的固定利率 K（在 t 时刻就已经决定了）。前者是一个浮动利率，而后者则是完全固定的。上面的即期远期利率在西方一般是 LIBOR，在中国一般就是 SHIBOR。该利率并不是相应的国债收益率，而是银行间市场的拆借利率。

事实上，我们这里的远期利率以及在后面的利率掉期都存在着一个问题，市场的利率不再是国债的到期收益率或者即期收益率，而是 LIBOR 或 SHIBOR。利率衍生品市场和国债市场既有密切联系又有些区别。因为参与者不同，涵盖的信用主体也不同。但是，折现值的概念还是一样的，也就是说，我们可以从利率衍生品市场构造出来折现值，而认为这些折现值就对应了一种无息债券的价格，虽然这个无息债券在市场上完全没用。

使用无息债券的概念，首先定义什么是在 T_1 时刻报价的从 T_1 到 T_2 的即期收益率 $F(T_1, T_2)$。这是一个无复利情况下的简单利率，也就是说，是

在不计算复利的情况下，我们在 T_1 时刻用 1 元人民币投资在 T_2 时刻到期的人民币无息债券的简单利率（假设本金 1 元）。

$$F(T_1, T_2) = \frac{1 - B(T_1, T_2)}{(T_2 - T_1) \cdot B(T_1, T_2)}$$

其中，$T_2 - T_1$ 的计算包含了天数计算的约定，也是远期利率合约的一部分。

在远期利率合约中今天锁定的固定利率可以用无套利原理复制出来。首先在 T_2 时刻的现金流是

$$(T_1 - T_2)(F(T_1, T_2) - K) = \frac{1}{B(T_1, T_2)} - 1 - K(T_2 - T_1) \qquad (4.3)$$

这个值是在 T_2 时刻的价值，其在 T_1 时刻的价值就成为

$$1 - B(T_1, T_2) - K(T_2 - T_1)B(T_1, T_2)$$

但是看到这个表达式里面都是可以交易的产品。具体他们在时刻 t 的价值就是

$$B(t, T_1) - B(t, T_2) - K(T_2 - T_1)B(t, T_2)$$

从而在初始点上，当

$$K = \frac{B(t, T_1) - B(t, T_2)}{(T_2 - T_1)B(t, T_2)}$$

合约的价值为零。这就是远期利率定价的来源。

实际上，一个远期利率合约有更多的内容；在熟悉了上面的讨论以后，我们介绍一些远期利率协议中最重要的日期和计算：

- 报价日：这是指远期利率是哪天计算的，也就是上面的 t。

- 计息开始日：这是指远期利率是从哪天开始计息的，也就是上面符号中的 T_1。通常报价日和计息开始日比较接近，所以在最开始的即期远期利率的讨论中，我们假设它们相等。

- 计息结束日：这是指远期利率是哪天停止计息的，也就是上面符号中的 T_2。

- 交割日（付款日）：这是指交易双方在哪天交换即期远期利率的付款和固定利率的付款。通常交割日和计息结束日很接近，所以上面的讨论中假设它们相等。

各个机构交易远期利率的原因有很多。一方面是纯粹投机。当一个机构对未来利率走向有了判断以后，可以通过远期利率来表达观点，从而在观点实现以后获利。另一方面是对冲或者是套期保值。当一个机构有对于利率的风险敞口以后，根据对于未来利率的多或者空的风险敞口，可以进入远期利率来对冲。

远期利率合约在利率衍生品市场中交易地位仅仅次于利率掉期。为了能够交易远期利率合约，我们需要研究利率衍生品中等效折现值的曲线。从利率掉期中构造等效折现值是我们后面一章的内容。

5 利率掉期

本章开始讨论最重要的利率衍生品——利率掉期。我们依次介绍利率掉期产生背景、利率掉期的定价方式以及利率掉期和利率曲线的关系。在固定收益关于利率的市场中，有两类产品。第一类产品就是国债，或称为利率债，属于现金产品。第二类产品就是利率衍生品。利率衍生品的主要代表就是利率掉期。关于利率债的概念包括折现值、远期利率等都可以从利率掉期中重新推导出来。

5.1 利率掉期市场需求

利率掉期（Interest Rate Swap）有时候也被称为利率掉期或者利率调换，它是最普遍和流动性最强的利率衍生品，也占据了场外交易（OTC）衍生品市场最大的一部分。

截止到 2019 年 6 月，场外利率掉期的未平仓名义金额达到了 389.34 亿美元。利率掉期是国际上金融机构用来管理利率风险、对冲利率风险最重要的金融工具，也是很多对冲基金用来达到盈利目的而进行交易的主要金融产品。不理解利率掉期就无法理解固定收益衍生品。那么利率掉期的市场是怎么形成的呢？

在资本市场中，融资分成债券融资和股票融资两种。这里债券包括国家债券、地方政府债券、公司债券、房地产按揭等。债券融资的规模远超过股票的融资规模。债券融资的特点就是支付利息。但是利息有两种，一种是固定利息，比如国债、公司债。另一种就是短期的浮动利息，如账户中的存款，还有部分房产按揭都是按照浮动利息来计算。固定利息的债务的优点是利息已经确定,公司未来的利息成本是可以预测的,但是缺点是当利息降低的时候,公司由于付出的是固定好的利息,就会账面亏损。浮动利息的好处是利息随着市场变化,但是难以锁定未来的利息。利率掉期也就是用短期的浮动利率来兑换长期的固定利率的市场就形成了。对于已经有了固定利息需要支付但是希望转换为浮动利息的机构来说,可以通过利率掉期,收入固定的利率,付出浮动的利率。对于需要收入固定利率的机构,就可以进入相反的合约进行操作。

再举一个例子。在美国,中小银行在做房地产按揭贷款的时候,通常给出的是固定的利率。但是为此银行就有所谓久期风险。另外一方面,公司融资发行的债务通常也是使用固定的利率,但是也产生了久期风险。如果公司和银行进入利率掉期的话,公司可以收入固定利率,付出浮动利率。银行收入浮动利率,付出固定利率。双方的问题就都可以迎刃而解。

从图 5.1 我们看到,如果公司和银行之间形成某种固定利率和浮动利率的互换,那么银行最终的固定利率和浮动利率的不匹配问题就迎刃而解,而公司融资的成本也最终化解为浮动利率。

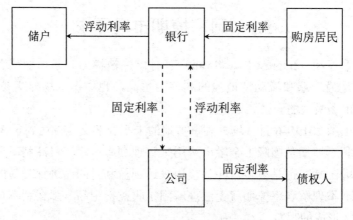

图 5.1 利率掉期市场需求

目前我国的利率市场化改革已经展开,全面的利率市场化指日可待。根据已实现利率市场化国家的经验和实证分析结果来看,利率市场化后,利率波动一般会加大,这就可能增加商业银行所面临的利率风险。管理利率风险的重要手段就是使用利率掉期。利率掉期在银行和机构中起到的作用有下面几点。

第一就是可以用来对未来利率走势表达观点。如果一个交易员认为未来浮动利率会升高，那么他可以做一个固定换浮动利率掉期来进行投资，付出相对小的固定利率来换得以后升高的浮动利率。

第二就是可以用来对冲风险。如果一个企业发行了一个浮动利率的债券，那么这个企业将会定期付出这个债券的浮动利率；浮动利率有很大的不确定性，因为只有到了浮动利率报价的那天才知道到底需要付出多少利息，会给企业在预算和计划方面很大的困难，同时会有付出利息过高的风险。对于一个养老基金来说，如果付给退休人员的养老金是根据浮动利率来计算的，那么当利率上升很多的时候，退休基金需要付出很多退休金，甚至会到无法付清的程度。还有很多这种例子，那么如果做一个固定换浮动利率掉期的交易，这个企业或者基金就可以付出固定利率，收入浮动利率，然后用收到的浮动利率来支付债券的利息或者退休金，这样固定换浮动利率掉期就起到了对冲风险的作用。

第三可以管理久期风险。通常在固定收益产品组成的资产组合里面，有久期风险。这些久期风险的规避方法就是使用不同到期时间的利率掉期来对冲掉。具体的对冲方法我们在谈到 PV01 的时候会讲到。

5.2 利率掉期产品

利率掉期属于场外交易的衍生品，产品的期限有 1 年至 10 年不等，在国外有到 30 年的期限。在固定了期限以后，比如一个 5 年的利率掉期，甲乙双方进入一个利率掉期合约。甲方支付固定利率，收入浮动利率。而乙方进入利率掉期，支付浮动利率，收入固定利率。其中固定利率是今天就已经确定好的，比如 5%，每 3 个月支付一次直到第 5 年截止。浮动利率也是 3 个月支付一次，支付的利率是每 3 个月确定下来的未来 3 个月的 SHIBOR。

在美国的利率掉期产品中，合约签订开始的当天，3 个月的 LIBOR 就得以确定，但是支付却需要等待 3 个月以后。这点特别重要，我们稍后具体展开解释。具体的利率掉期合约中的支付频率可能也有差别，比如固定利率是每 6 个月支付一次等，支付的利率的天数计算方法是 30/360，还是

ACT/365 等，我们没有必要一一列举。

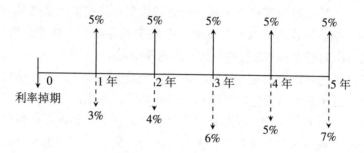

图 5.2 利率掉期现金流

一般假定有时间节点

$$0 < t_1 < t_2 < \cdots < t_n$$

这些时间节点之间一般的间隔都相等。但是因为有不同天数计算的区别，所以，还是使用符号来继续预定间隔

$$\triangle t_i = t_i - t_{i-1}$$

在时刻 t_{i-1} 观察到了从时间 t_{i-1} 到 t_i 的浮动利率，记为 r_i，在时间点 t_i 进行现金流

$$\triangle t_i (K - r_i)$$

的互换直到最后时刻 t_n。

虽然在利率掉期中，仅仅是浮动和固定利率定期交换，但是总可以假设在终结时刻，双方不仅交换最后一次利率，而且还交换本金。因为本金交换是等价的，所以交换和不交换没有区别。但是把本金计算进去会大大方便我们理解问题的核心。经过我们修改后的利率掉期成为一边是支付固定利率，到期日固定利率和本金一起支付，另一边是支付浮动利率，到期日浮动利率和本金一起支付。

5.3 利率掉期曲线

通过利率掉期，每天我们从市场上就可以看到一组利率，通常是从 2

年到 30 年的利率掉期利率，这些就是如果进入利率掉期所需要的固定利率，见图 5.3。

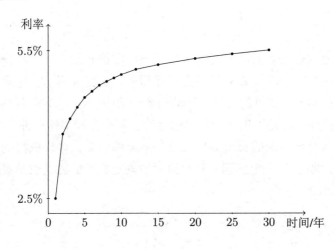

图 5.3 利率掉期曲线

现在来探讨利率掉期的量化度量。假定现在时刻是 t，未来的时刻以年为单位，分别是

$$t_1, t_2, \cdots, t_n$$

可以简单理解成为 t_i 就对应着第 i 年。在利率掉期的到期日 t_n，因为本金是一样的，所以可以考虑交换本金。为了考虑现金流的折现，我们必须假定可以计算在未来每个时间点的折现值。折现值仍然使用无息债券的符号，$B(t, T)$ 表示在时刻 t 观察到的 T 时刻到期的折现值，或者是时刻 t 观察到的 T 时刻到期的无息债券的价格。

分别计算一个利率掉期中固定利率部分现金流的折现总和与浮动利率部分现金流的折现的总和。浮动部分的折现总和可以用下面的事实计算。假定每次 LIBOR 分别是

$$L_1, L_2, \cdots, L_{i-1}, L_i, \cdots, L_n$$

其中，L_i 是跨越 $i-1$ 到 i 年的 LIBOR。具体用表达式就是

$$L_i = \frac{1 - B(t_{i-1}, t_i)}{B(t_{i-1}, t_i)}$$

那么一个未来在时间 i 年上支付 LIBOR 中的 L_i 而且在到期日支付本金和当年 LIBOR 的现金流在今天的折现值是

$$\frac{L_1}{1+L_1} + \frac{L_2}{(1+L_1)(1+L_2)} + \cdots + \frac{1+L_n}{(1+L_1)\cdots(1+L_n)} = 1$$

验证这个等式也很容易，只要从最后一项往回推导就可以了。在不是以年为单位的时候，一个类似的推导也一样适用。这就说明一旦把最后的本金交换计算在利率掉期里的时候，浮动利率一边的现金流的折现值就是本金。既然利率掉期合约是不用支付费用的合约，那么在利率掉期进入的那一刻，固定利率部分现金流的折现值也应该是本金那么多。这样就得到了一个重要的信息：即一个 n 年到期的利率掉期的固定利率的意义就是说一个平价债券的利息。

$$K\bigl(B(t,t_1) + \cdots + B(t,t_n)\bigr) + B(t,t_n) = 1$$

这样就有

$$K = \frac{1 - B(t,t_n)}{B(t,t_1) + \cdots + B(t,t_n)}$$

5.4 利率掉期和远期利率

下面我们揭示利率掉期和远期利率之间的关系，从另外一个方面重新建立利率掉期的表达式。把利率掉期中的现金流看成一系列的固定利率和一系列的远期利率合约组成。具体来说，站在 t 时刻，第一个远期利率协议是在 $t_0 > t$ 时刻报价，在 $t_1 > t_0$ 时刻交割的，第二个远期利率协议是在 t_1 时刻报价，然后在 $t_2 > t_1$ 时刻交割的，以此类推，直到最后一个远期利率协议在 t_{n-1} 时刻报价，在 t_n 时刻交割。

在上节的远期利率掉期中，我们已经知道所有的远期利率中的 LIBOR 是可以被远期利率所替代的。所以把每个 LIBOR 中的 L_i 用下面的远期利率来替代

$$\frac{B(0,t_{i-1}) - B(0,t_i)}{B(0,t_i)}$$

这样所有的浮动利率的折现值就成为

$$\sum_{i=1}^{n} B(0,t_i) \frac{B(0,t_{i-1}) - B(0,t_i)}{B(0,t_i)} + B(0,t_n) = 1$$

这样就又一次得到这个事实，那就是固定利率加上最后的本金的折现值应该等于面值。

在上面讨论中，假设了以年度为单位的利率掉期。但是在实际中，通常这些报价和交割的时间 $t_0, t_1, \cdots, t_n$ 是根据某个频率（每年多少次）等距间隔的。很多时候，远期利率协议中浮动利率和固定利率的部分可以是不同的频率，但是这个并不改变实质，仅仅需要在上面的公式中加上天数计算。比如从 t_{i-1} 到 t_i 的天数是

$$\beta(t_{i-1}, t_i)$$

那么就会有下面的公式

$$\beta(t_0, t_1)B(0, t_1)K + \cdots + \beta(t_0, t_n)B(0, t_2)K + B(0, t_n)K = 1$$

从而我们有

$$K = \frac{1 - B(0, t_n)}{\beta(t_0, t_1)B(0, t_1) + \beta(t_1, t_2)B(0, t_2) + \cdots + B(0, t_n)\beta(t_{n-1}, t_n)}$$

5.5 远期利率掉期

远期利率掉期是这样的一个产品：假设标准的利率掉期的交换时间点为

$$t_0 = 0 < t_1 < \cdots < t_n$$

如果现在就进入一个利率掉期以后，固定利率为 K。浮动利率从 t_{k-1} 到时间 t_k 上有 LIBOR 为 L_k。浮动利率和固定利率之间得以互换。

在一个远期利率掉期里面，有时刻

$$0 < t_0 < t_1 < \cdots < t_n$$

合同规定，在未来的时间点 t_0 可以进入一个时间在 t_n 结束的利率掉期。这个利率掉期在未来时间 t_0 开始，固定利率为 K。这个利率称为远期利率掉期利率。

在今天给出来完整的利率曲线以及折现值 $B(0,t)$ 以后，可计算出远期利率掉期利率的合理价值。首先浮动端使用利率掉期来替代

$$\sum_{i=0}^{n} B(0,t_i) \frac{B(0,t_{i-1}) - B(0,t_i)}{B(0,t_i)} = B(0,t_0)$$

因为所有的固定端的现金流价值总和加上最后的面值是

$$K\beta(t_0,t_1)B(0,t_1) + \cdots + K\beta(t_{n-1},t_n)B(0,t_n) + B(0,t_n)$$

这样一来，远期利率掉期的利率为

$$K = \frac{B(0,t_0) - B(0,t_n)}{\beta(t_0,t_1)B(0,t_1) + \cdots + \beta(t_{n-1},t_n)B(0,t_n)}$$

我们看到远期利率掉期利率也是可以锁定的，所以从这个意义上说远期利率掉期也是线性产品。

这一章我们介绍了利率掉期这种交易量最多的利率衍生品，介绍了利率掉期利率和折现值之间的转换关系。利率掉期利率使用折现值表示出来虽然是一种非线性的关系，但是实际上，利率掉期是线性产品。这个问题的实质其实是由利率掉期的支付时间所决定的。比如在时间节点 t_{i-1} 到 t_i 上的 LIBOR 是在时间 t_i 上支付，而不是在时间 t_{i-1} 上支付。如果支付节点改为 t_{i-1}，那么产品本身就不是线性产品，而且其利率也就不是简单可以表达为折现值公式的。

我们这里讲述的利率掉期的浮动端的具体标的，在实际产品中有各种浮动利率。常见的有 7 天回购定盘利率（FR007）、3 个月 SHIBOR、隔夜 SHIBOR、 1 年存款基准利率、1 年期贷款基准利率等。每个浮动利率都可以有不同结算频率，这些不同浮动端的利率构成不同的产品。

我们在上面的讨论中都假定有了折现值 $B(t,T)$，但是这个折现值和利率掉期是相辅相成的。有了折现值，就有了利率掉期利率。有了利率掉期利率，可以反推出折现值。这是下一章讨论的重点。

6 构造利率曲线

谈及利率曲线，通常有多个不同的涵义。国债市场一般把不同到期时间的国债的到期收益率看成时间的函数，用图形表示出来，称之为利率曲线。在利率衍生品市场，利率曲线通常指利率掉期的固定端的利率构成的曲线。

其实无论是什么产品、得到什么样的曲线、曲线有意义与否，取决于我们希望做什么。从前述内容上看，为了给线性产品定价，我们需要一个基本的要素，就是折现值。所以利率曲线在这一章就是指如何从产品中剥离出来无息债券的折现值。

这些折现值，能够对市场上的线性衍生品，比如利率掉期、远期利率掉期等定价。对于复杂的衍生品比如利率顶和底以及利率掉期期权，折现值也是必不可少的第一步。

构造利率曲线的方法有很多种。我们这里分别介绍。所有不同利率曲线的构造都是围绕一个核心概念展开的，那就是瞬时远期利率。

6.1 瞬时远期利率

我们已经看到给出了无息债券，其到期时间为 t_1，看成时刻 t_0 的连续函数 $B(t_0, t_1)$。对于未来任何一段时间 (t_i, t_{i+1}) 的远期利率

$$f(t_i, t_{i+1}) = \frac{B(t, t_i) - B(t, t_{i+1})}{B(t, t_{i+1})(t_{i+1} - t_i)}$$

这里我们就使用了简单的天数计算。从这个等式看得出来，

$$\lim_{t_{i+1} \to t_i} f(t_i, t_{i+1}) = -\frac{1}{B(t, t_i)} \cdot \frac{\partial B(t, t_i)}{\partial t_i}$$

上面这个极限称为瞬时远期利率。

如果使用 $p(t)$ 来表示折现值的话，就是等价于

$$p(t) = B(0, t)$$

那么可以定义瞬时远期利率为

$$f(t) = -\frac{1}{p(t)} \cdot \frac{\mathrm{d}p(t)}{\mathrm{d}t} = -\frac{\mathrm{d}\ln p(t)}{\mathrm{d}t} \tag{6.1}$$

反过来，如果给出来所有的 $f(t)$，也可以计算出来所有的

$$p(t) = \mathrm{e}^{-\int_0^t f(s)\mathrm{d}s}$$

但是请大家注意，这个瞬时远期利率是今天计算得到的，不是真正的未来的远期利率。未来的远期利率和今天折现值的关系应该是

$$p(t) = E\left(\mathrm{e}^{-\int_0^t r(s)\mathrm{d}s}\right)$$

上面公式 (6.1) 有几个直接的推论。比如说在瞬时远期利率是常数的情况下，会看到

$$\frac{\mathrm{d}\ln p(t)}{\mathrm{d}t} = a$$

就得到

$$\ln p(t) = at + b$$

其中 a, b 都是常数。如果瞬时远期利率是线性函数

$$\frac{\mathrm{d}\ln p(t)}{\mathrm{d}t} = at + b$$

我们就得到

$$\ln p(t) = \frac{1}{2}at^2 + bt + c$$

其中 a, b, c 都是常数。如果瞬时远期利率是二次函数

$$\frac{\mathrm{d}\ln p(t)}{\mathrm{d}t} = at^2 + bt + c$$

我们就得到

$$\ln p(t) = \frac{1}{3}at^3 + \frac{1}{2}bt^2 + ct + d$$

其中 a,b,c,d 都是常数。这里就是做了一般性的推导，接下来做具体情况的分析。

为什么需要重视瞬时远期利率而不是其他的利率，比如到期收益率呢？这里有两个原因：第一，远期利率是市场上交易的产品，所以保持远期利率一定的连续和光滑是有必要的。第二，远期利率作为折现值取对数的一阶导数，保证了远期利率的连续和光滑就保证了折现值在更高阶的光滑性。接下来会看到几种构造折现值曲线的办法，比较不同的方法可以发现，折现值的区别非常小，几乎看不大出来，但是在比较远期利率的情况下，区别就很大了。所以我们构造利率曲线的核心还是远期利率。

6.2 补充利率掉期方法

给出来一组整年的利率掉期利率，比如 1，2，3，4，5，7，10，15，20，30 年的利率掉期利率为

$$S_1, S_2, S_3, S_4, S_5, S_7, S_{10}, S_{15}, S_{20}, S_{30}$$

以后，我们发现有些年份到期的利率掉期利率是缺少的。这可能是因为这些产品流动性不足，所以没有利率，或者是因为这些产品根本不存在。

为了弥补这些利率掉期，可以人为创设出来那些缺少的利率

$$S_6 = \frac{S_5 + S_7}{2}, \quad S_8 = \frac{2S_7}{3} + \frac{S_{10}}{3}, \quad S_9 = \frac{S_7}{3} + \frac{2S_{10}}{3}$$

这样就补足了所有整数年度到期的利率掉期产品。

如果利率掉期的固定端是每年一次交换的话，就可以计算出来每年的折现值了。利用前面几节的方法，已经知道有

$$p_1 = \frac{1}{1+S_1}$$

一般的，有迭代公式

$$p_i = \frac{1 - S_i(p_1 + p_2 + \cdots + p_{i-1})}{1+S_i}$$

就可以得到所有整年的折现值。注意到，上面都是假定每年的日期计算从一个交换日期到下一个交换日期。在不同日期计算的方法下，这个假设应该修订，所以上面的公式也要修订。

如果利率掉期是每半年一次，那么还要补充每半年的利率掉期。比如，要补充上一个 5.5 年的利率掉期，每半年支付固定利息一次。补充上所有半年的利率掉期以后，就可以依次解得所有的折现值了。

从整年上的折现值，还要计算具体到每一天的折现值。换言之，对于任何一个

$$t_i < t < t_{i+1}$$

需要有相对应的 p_t。这个时候可以考虑三种最简单的方法进行插值。

第一种是简单线性方法：

$$p_t = p_i \frac{t_{i+1} - t}{t_{i+1} - t_i} + p_{i+1} \frac{t - t_i}{t_{i+1} - t_i}$$

但是这种方法不予考虑，因为折现值通常不具有这样的形状。

第二种方法是从 p_i 计算出来即期收益率（连续复利计息下），而让即期收益率成为线性。对于时间在 t_i 时刻的折现值，那么其即期收益率就是

$$z(t_i) = -\frac{\ln p(t_i)}{t_i}$$

如果即期收益率随着时间是线性的，那么就应该有

$$z(t) = z(t_i) \frac{t_{i+1} - t}{t_{i+1} - t_i} + z(t_{i+1}) \frac{t - t_i}{t_{i+1} - t_i}$$

这样就有下面的公式

$$\frac{\ln p_t}{t} = \frac{\ln p_i}{t_i} \cdot \frac{t_{i+1} - t}{t_{i+1} - t_i} + \frac{\ln p_{i+1}}{t_{i+1}} \cdot \frac{t - t_i}{t_{i+1} - t_i}$$

这样的方法有更好的直观性。

第三种方法对应的瞬时远期利率是常数。从上面推导看到，在瞬时远期利率是常数的时候，$\ln p(t)$ 是线性函数。所以应该有插值公式

$$\ln p_t = \ln p_i \frac{t_{i+1} - t}{t_{i+1} - t_i} + \ln p_{i+1} \frac{t - t_i}{t_{i+1} - t_i}$$

在这个公式下面，远期利率是个常数值。

通过上面讨论，我们看到对于利率掉期产品本身进行插值，可以得到每半年的折现值，有了每半年的折现值，再得到每天的折现值，就可以得

到一个完整的利率曲线。这个方法简单有效，计算方便快速，但是也有缺点。缺点就是在这个方法下，第一，我们凭空创造出来了许多产品；第二，瞬时远期利率往往不是连续的，比如上述第三种方法中，瞬时远期利率就是逐段常数。

6.3 逐段常数插值

上面方法的缺点在于我们人为构造了很多虚构的利率掉期产品。如果不去构造这些产品，其实也可以去计算折现值。

还是迭代地来计算折现值。比如，有了直到 T_i 点的折现值以后，利用下一个在 T_{i+1} 到期的利率掉期。现在假设 $p_{i+1} = x$ 是个未知数。在这个假设下有

$$\ln p_t = \ln p_i \frac{T_{i+1}-t}{T_{i+1}-T_i} + \ln x \frac{t-T_{i+1}}{T_{i+1}-T_i}$$

就得到中间所有的折现值。这样计算在 T_{i+1} 到期的利率掉期固定端的价值。让这个价值等于 1，就可以确定未知数 x。在求解这个未知数 x 的时候，往往可以采用二分法，每次调整 x 直到得到的数值充分逼近我们的目标。

这个方法的结果就是瞬时远期利率成为逐段常数。在我们给出的各个利率掉期的期限中间分别是不同的常数值。对比上一节我们人为添加利率掉期产品，那里的瞬时远期利率也是逐段常数，但是区间会有很多。虽然这里没有添加更多的利率掉期，但是构造了利率曲线以后，实际上就蕴含了新的利率掉期利率。在实际工作中，到底是人为添加利率掉期产品还是使用这一节的方法要取决于交易员对市场的认知了。

6.4 逐段线性插值

上面的方法使得远期利率是逐段常数，但是显然远期利率失去了连续性。为了让远期利率成为连续的时间函数，最简单的方法就是考虑逐段线性函数。为了让远期利率为逐段线性连续，让函数 f 在区间 (t_i, t_{i+1}) 上成为下面的形式

$$f(t) = a_i t + b_i$$

这样函数 $p(t)$ 成为

$$p(t) = \exp\left(-\frac{1}{2}a_i t^2 - b_i t - c_i\right)$$

这里的系数 a_i, b_i, c_i 待定。为了确定这些系数，可以用迭代的方法计算那些折现值。假定已经计算了到时刻 t_i 的折现值，我们需要计算从 t_i 到 t_{i+1} 时刻的折现值。为此，假设在这段区间上有表达式

$$f(t_i) = a_i t_i + b_i$$

从而折现值应该满足

$$p(t_i) = \exp\left(-\frac{1}{2}a_i t_i^2 - b_i t_i - c_i\right)$$

最后观察在时刻 t_{i+1} 到期的利率掉期的价格应该使得

$$\sum_{k=1}^{i} p(t_k) s_{i+1} + p(t_{i+1})(1 + s_{i+1}) = 1$$

这样所有的方程就满足

$$\begin{cases} f(t_i) = a_i t_i + b_i \\ p(t_i) = \exp(-\frac{1}{2}a_i t_i^2 - b_i t_i - c_i) \\ p(t_{i+1}) = \dfrac{1 - \sum_{k=1}^{i} p(t_k) s_{i+1}}{1 + s_{i+1}} \end{cases}$$

这些方程就可以决定参数 a_i, b_i, c_i 了，从而也决定了所有的折现值 $p(t)$。

6.5 逐段二次函数

为了进一步让瞬时远期利率更加光滑，还可以让远期利率为逐段二次函数，这样，函数 f 在区间 (T_i, T_{i+1}) 上成为下面的形式

$$f(t) = a_i t^2 + b_i t + c_i$$

这样折现值就是

$$p(t) = \exp\left(-\frac{1}{3}a_i t^3 - \frac{1}{2}b_i t^2 - c_i t - d_i\right)$$

这里有四个未知数 a_i, b_i, c_i, d_i。为了确定这四个未知数，考虑如下的方程。首先，在时刻 t_i 的远期利率要满足

$$f(t_i) = a_i t_i^2 + b_i t_i + c_i$$

其次，折现值应该满足

$$p(t_i) = \exp\left(-\frac{1}{3}a_i t_i^3 - \frac{1}{2}b_i t_i^2 - c_i t_i - d_i\right)$$

再次，利率掉期的初始值是 1，所以

$$\sum_{k=1}^{i} p(t_k) s_{i+1} + p(t_{i+1})(1 + s_{i+1}) = 1$$

最后，需要即期收益率满足导数一致的条件，所以

$$2a_i t_i + b_i = 2a_{i-1} t_i + b_{i-1}$$

这样有了四个方程

$$\begin{cases} f(t_i) = a_i t_i^2 + b_i t_i + c_i \\ p(t_i) = \exp\left(-\frac{1}{3}a_i t_i^3 - \frac{1}{2}b_i t_i^2 - c_i t_i - d_i\right) \\ \sum_{k=1}^{i} p(t_k) s_{i+1} + p(t_{i+1})(1 + s_{i+1}) = 1 \\ 2a_i t_i + b_i = 2a_{i-1} t_i + b_{i-1} \end{cases}$$

就可以决定所有的参数了。

6.6 利率掉期估值

一个已经进入的利率掉期，需要每天都采用最新的利率曲线来给它估值。崭新的利率掉期从开始的一瞬间价值为零以后，价值就开始随着市场

利率变化而变化了。对于一个已经进入的利率掉期，我们拆分为固定端和浮动端。固定端的时间点发生在

$$T_0 < t < T_1 < T_2 < \cdots < T_n$$

假设固定端的利率是 S。这样有了所有未来时间的折现值曲线 $p(t)$ 以后，有固定端的估值

$$p_1 S + p_2 S + \cdots + p_n(S+1)$$

浮动端有两种估值的计算方法。第一种方法是所有从 T_i 到 T_{i+1} 的浮动利率 L_i 用相应的远期利率替代

$$f_i = \frac{B(t, T_i) - B(t, T_{i+1})}{B(t, T_{i+1})(T_{i+1} - T_i)}$$

现在的问题就成为标准的固定利率折现了。第二种方法是留意到所有未来的浮动端折现到 T_1 时刻的价值还是 1，所以折现到 t 时刻的价值就是 $B(t, T_1)$。同时还要加上在 T_0 点已经确定的第一个浮动利率 L_0 也要折现回来。

6.7 风险的计算和对冲

利率曲线可以帮助我们进行利率衍生品的风险对冲计算。在股票类型的衍生品的风险计算中，重要的一个指标就是 Delta 风险。但是，有别于股票衍生品，利率衍生品具有的风险不是一个 Delta 可以给出的，而是由一组 Delta 给出，这组所谓的 Delta 称为 PV01。这一节我们来叙述如何计算这些 PV01。

折现值是计算现金产品和线性衍生产品的关键。但是折现值是从基础产品，比如利率掉期产品中产生的。那么当利率掉期构成的利率曲线平行移动一个基准点时候，就有了新的一条折现值曲线。这条折现值曲线给目标定价产品一个新的定价。如果说原来的利率曲线为 γ，而产品价格表示成曲线的函数 $f(\gamma)$。当曲线整体平行移动一个基准点，就有价格的变化

$$\mathrm{DV01} = \frac{f(\gamma + \triangle) - f(\gamma)}{\triangle}$$

这个比率就称为 DV01。比如我们前面熟知的到期收益率和债券价格之间的久期关系就符合这个定义。因为我们把利率曲线平移一个基准点以后，相对价格变化就是久期。

在这里，风险 DV01 的定义有个问题就是需要假设整体的收益曲线平行移动。曲线平行移动可以向上或者向下一个或者几个基准点。但是平行移动的假设未必符合现实情况。整条利率曲线每天的变化不是仅仅水平向上或者向下，长期端和短期端也可以有不同方向的变化。通过主成分分析，可以知道利率曲线变化至少有三个维度：水平变化、斜率变化和凸性变化。

为了更加精确地来分析风险，需要保持每个利率变化一个基准点，而其他利率不动，在这样一个新的利率曲线下来计算风险。使用利率曲线 γ 来表示整个折现值系统，而利率曲线变化用 I_i 表示在第 i 个点上是 1、其他点上是 0 的曲线。

$$\text{PV01}_i = \frac{f(\gamma + \delta I_i) - f(\gamma)}{\delta}$$

就称为 PV01。我们看到 PV01 的定义和 DV01 的定义不一样的地方就是，PV01 是多维度的风险指标。这里的利率是什么利率呢？这取决于用什么构造的利率曲线。如果是用利率掉期构造的利率曲线，就变化每个到期时间的利率掉期利率。如果是用无息债券的即期收益率构造的利率曲线，就变化每个到期时间的即期收益率。使用不同利率构造的 PV01 不一样。

现在考虑几个特例。我们用来构造利率曲线的是无息债券的即期收益率，而产品是无息债券。如果有一个 n 年到期的无息债券，那么对应的 PV01 应该是

$$\text{PV01}_i = \begin{cases} 0, & i \neq n \\ \dfrac{n}{(1+r_n)^{n+1}}, & i = n \end{cases}$$

其中，r_k 是 k 年到期的即期收益率。这里重点是，当其他期限的即期收益率在变化的时候，其 PV01 是零。

如果产品是利率掉期产品，或者类似的平价债券产品，对应的 PV01 应该是对即期收益率进行敏感性分析。由于平价债券的定价是

$$P = \frac{r}{1+r_1} + \frac{r}{(1+r_2)^2} + \cdots + \frac{1+r}{(1+r_n)^n}$$

其中，r 是平价债券的票面利率；r_i 分别是所有即期收益率。根据这个表达式，可以看到有

$$\text{PV01}_i = \begin{cases} \dfrac{ir}{(1+r_i)^{i+1}}, & i \neq n \\[2ex] \dfrac{n(1+r)}{(1+r_n)^{n+1}}, & i = n \end{cases}$$

虽然使用即期收益率计算利率曲线同时来计算 PV01 相对容易，但是在实际工作中往往利率曲线来自利率掉期市场。如果使用利率掉期利率构造利率曲线，情况是另外一个样子。如果产品就是一个 n 年到期的利率掉期，那么

$$\text{PV01}_i = \begin{cases} 0, & i \neq n \\ A_n, & i = n \end{cases}$$

其中，$A_n = \sum_{i=1}^{n} p_i$ 就是年金。这就是说当第 i 年的利率掉期利率变化以后，n 年到期的利率掉期价值没有产生变化，而当第 n 年的利率掉期利率变化以后，n 年到期的利率掉期价值会产生变化，其变化率就是年金。

如果产品本身是无息债券，情况就不是那么容易计算。把一个 k 年到期的无息债券价格记为 B_k，而平价债券的价格记为 P_k，使用现金流分解的办法，有矩阵的表达式

$$\begin{pmatrix} P_1 \\ P_2 \\ \vdots \\ P_n \end{pmatrix} = \begin{pmatrix} 1+r_1 & 0 & \cdots & 0 \\ r_2 & 1+r_2 & \cdots & 0 \\ \cdots & \cdots & \cdots & \cdots \\ r_n & r_n & \cdots & 1+r_n \end{pmatrix} \begin{pmatrix} B_1 \\ B_2 \\ \vdots \\ B_n \end{pmatrix}$$

其中 r_i 是每个利率掉期的利率。我们把矩阵来取逆，就有

$$\begin{pmatrix} B_1 \\ B_2 \\ \vdots \\ B_n \end{pmatrix} = \begin{pmatrix} \frac{1}{1+r_1} & 0 & \cdots & 0 \\ a_{21} & \frac{1}{1+r_2} & \cdots & 0 \\ \cdots & \cdots & \cdots & \cdots \\ a_{n1} & a_{n2} & \cdots & \frac{1}{1+r_n} \end{pmatrix} \begin{pmatrix} P_1 \\ P_2 \\ \vdots \\ P_n \end{pmatrix}$$

这其中除了主对角线上的值容易计算，剩下的值比较小。从这个矩阵分解中得到结论，一个 n 年到期的无息债券，可以看成 1 年、2 年直到 n 年到期的平价债券的线性组合。所以一个 n 年到期的无息债券的 PV01 就是

$$\text{PV01}_i = \begin{cases} 0, & i > n \\ \dfrac{A_n}{1+r_n}, & i = n \\ A_i a_{ni}, & i < n \end{cases}$$

计算 PV01 的意义不仅仅是计算风险敞口，而且也是为了更加精确地对冲。比如买入无息债券以后，可以使用利率掉期来对冲，因为利率上涨，无息债券价格下跌，所以在利率掉期中一定是支付固定利率，收入浮动利率。但是对冲端的利率掉期的名义额还需要确定。根据上面矩阵的分解，我们看到如果使用 n 年到期的利率掉期来对冲这个无息债券，应该选择 $1/(1+r_n)$ 比例的名义本金。其他到期时间的利率掉期也可以使用，但是名义本金会小得多。

7 随机过程和 Itô 积分

前面叙述了利率曲线在利率衍生品定价上的作用。但是利率曲线仅仅能够对于线性产品进行定价，对于非线性产品，单单依靠利率曲线无法定价。本章我们就介绍利率衍生品的非线性产品。代表的产品就是利率顶和利率底以及利率掉期期权。这些产品都是流动性很强、交易量很大的利率衍生品。这几种产品和我们在股票产品中的看涨和看跌期权非常类似，所以 Black-Scholes 类型的公式对于解决这类期权的定价非常有用。为了理解 Black-Scholes 公式，我们需要有基本的随机过程理论的铺垫。我们这里就提纲挈领地叙述有关的概念。

关于 Black-Scholes 公式以及随机过程的详细讨论请见孙健著《期权定价和交易》一书。这里面的主线是从布朗运动到一般 Itô 积分定义的随机过程，再到更加一般的鞅过程。

7.1 布朗运动

为了介绍布朗运动，我们需要先讨论对称随机游走。定义一组同分布的伯努利随机变量，只取两个值

$$P(X_i = 1) = 1/2, \quad P(X_i = -1) = 1/2$$

每个变量表示投掷一次硬币的结果。X 的均值是 0，而方差是 1。令

$$M_k = \sum_{j=1}^{k} X_j, \quad k = 1, 2, \cdots \tag{7.1}$$

过程 M_k 就是对称随机游走。每掷硬币一次，它增加 1 或者减少 1，且两种可能性相同。根据中心极限定理，随机变量 $M_n/\sqrt{n}$ 的分布函数将趋于标准正态分布。

如果我们感觉 M_1 一步走得很大，需要进一步精细化，那么可以定义

$$W_1^n = \frac{X_1 + X_2 + \cdots + X_n}{\sqrt{n}} = \frac{M_n}{\sqrt{n}}$$

这就相当于本来一步走出来，现在分成 n 步走，但是每一步都走 $1/\sqrt{n}$。这样的好处是

$$V(W_1^n) = 1$$

所以当令 $v \to \infty$ 时，得到一个 W_1 随机变量，这个随机变量的分布就是标准正态分布。

对于一般的时间 t，定义

$$W_t = \lim_{n \to \infty} \frac{1}{\sqrt{n}} M_{[nt]} = \lim_{n \to \infty} \frac{\sqrt{t}}{\sqrt{nt}} M_{[nt]} \tag{7.2}$$

为布朗运动。因为 M_n 仅定义在整数上，所以要取整，$[nt]$ 表示不超过 nt 的最大整数。如果忽略取整，可以直观地看到，当 n 趋于无穷时，W_t 是一个方差为 $\sqrt{t}$ 的正态分布。另外，

$$\sum_{j=1}^{ns} X_j \quad \text{与} \quad \sum_{j=ns+1}^{nt} X_j$$

独立无关。而 $W_t - W_s$ 是 n 趋于无穷时 $\sum_{j=ns+1}^{nt} \frac{X_j}{\sqrt{n}}$ 的极限，所以，$W_t - W_s$ 也独立于 W_s。

可以证明如上定义的布朗运动满足下面的性质。

定义 7.1 $(\Omega, \mathscr{F}, P)$ 是一个概率空间。对每一个 $\omega \in \Omega$，假设存在一个连续函数 $W_t(\omega)$ ($t \geqslant 0$)，满足 $W_0 = 0$。如果对所有的

$$0 = t_0 < t_1 < \cdots < t_m$$

增量

$$W_{t_1} - W_{t_0}, W_{t_2} - W_{t_1}, \cdots, W_{t_m} - W_{t_{m-1}} \tag{7.3}$$

是独立的,且每一个增量都服从正态分布,满足

$$E(W_{t_{i+1}} - W_{t_i}) = 0 \tag{7.4}$$

$$V(W_{t_{i+1}} - W_{t_i}) = t_{i+1} - t_i \tag{7.5}$$

则称 $W_t(t \geqslant 0)$ 为布朗运动(Brownian Motion)。

关于布朗运动,有一些重要的性质值得一提:对布朗运动 W 和 $s < t$,我们有

$$\begin{aligned} E(W_s W_t) &= E(W_s(W_t - W_s) + W_s^2) \\ &= E(W_s) \cdot E(W_t - W_s) + E(W_s^2) \\ &= 0 + V(W_s) \\ &= s \end{aligned}$$

其中,第二个等式利用了 W_s 和 $W_t - W_s$ 的独立性。

定义 7.2 $f(t)$ 是一个定义在 $0 \leqslant t \leqslant T$ 上的函数。f 关于时间 T 的二次变差(Quadratic Variation)为

$$[f,f](T) = \lim_{\|\Pi\| \to 0} \sum_{j=0}^{n-1} \big(f(t_{j+1}) - f(t_j)\big)^2 \tag{7.6}$$

其中,$\Pi = \{t_0, t_1, \cdots, t_n\}$ 是区间 $(0, T)$ 的一个分划,$0 = t_0 < t_1 < \cdots < t_n = T$。

一般地,对于连续可微的函数,容易知道 $[f, f] = 0$。这就是为什么我们在古典微积分中不考虑二次变差的原因。另一方面,布朗运动的路径关于时间变量不可微。事实上,我们有如下重要性质。

定理 7.1 W 为布朗运动,那么对几乎所有的 $T \geqslant 0$,有 $[W, W](T) = T$。

在本书中,大多数情况下,我们用 W_t 来表示布朗运动,下标显示了布朗运动是随机运动,而有别于一般的关于 t 的函数。但是在某些特殊情况下,为了记号上的方便,有时也会用 $W(t)$ 来表示布朗运动。虽然现在构造了布朗运动,但是还没有配上相应的域流。其实只要让 $\mathscr{F}_t$ 成为由 $W(t)$ 生成的 σ 代数就可以了。这样就构造出了一个随机过程的概率空间

$(\Omega, \mathscr{F}_t, P)$ 和上面的随机过程 W_t，可以看到这个布朗运动的随机过程是连续的，而且它的初始值是零，而且由于构造的过程，

$$E(W(t)|\mathscr{F}_s) = E(W(t) - W(s)|\mathscr{F}_s) + W(s) = W(s)$$

所以布朗运动又是个鞅过程，而且它在任意时刻 t 的二次变差为 t。下面的不加证明的 Lévy 定理是说这些性质也完全刻画了布朗运动。

定理 7.2 若一初值为零的鞅，有连续路径且满足在任意时刻 t 的二次变差均为 t，则其为布朗运动。

7.2 Itô 积分

给定布朗运动 W_t 及其域流 $\mathscr{F}_t$，设 $\triangle(t)$ 为相适应的随机过程。Itô 积分可以这样定义：如果 $\triangle(t)$ 是个在区间

$$t_0 < t_1 < \cdots < t_k < t$$

上的简单过程，也就是说当 $t_i \leqslant t < t_{i+1}$ 时有 $\triangle(t) = \triangle(t_i)$，那么有定义

$$I(t) = \sum_{j=0}^{k-1} \triangle(t_j)(W_{t_{j+1}} - W_{t_j}) + \triangle(t_k)(W_t - W_{t_k}) \tag{7.7}$$

一般情况，通过其累积和的极限来定义 Itô 积分：

$$I(t) = \int_0^t \triangle(u) \, dW(u) \tag{7.8}$$

Itô 积分有以下性质：

定理 7.3 如果 $\triangle(t)$ 对 t 是平方可积的，Itô 积分满足

$$E\left(I^2(t)\right) = E\left(\int_0^t \triangle^2(u) \, du\right) \tag{7.9}$$

定理 7.4 如果 $\triangle(t)$ 对 t 是平方可积的，那么 Itô 积分是鞅。

证明： 这是因为简单过程每一项的积累和都是鞅，所以其极限也是鞅。

证毕

定理 7.5 时刻 t 的二次变差可以通过积分得到

$$[I, I](t) = \int_0^t \triangle^2(u)\,\mathrm{d}u \tag{7.10}$$

定义 7.3 Itô 过程是有如下形式的过程：

$$X(t) = S(0) + \int_0^t \triangle(u)\,\mathrm{d}W_u + \int_0^t \Theta(u)\,\mathrm{d}u \tag{7.11}$$

或者可以写成微分形式：

$$\mathrm{d}X(t) = \Theta(t)\mathrm{d}t + \triangle(t)\mathrm{d}W_t \tag{7.12}$$

在前述 Itô 积分中，被积的函数也可以是个随机过程，比如可以定义

$$I(t) = \int_0^t W_u \mathrm{d}W_u$$

如果认为这个积分可以使用传统的微积分的方式得到

$$\int_0^t W_u \mathrm{d}W_u = \frac{1}{2}W_t^2$$

那么两边取期望就会得到不一致的结果。左边等于零但是右边等于 t。这个是因为 Itô 积分不能这样使用微积分中的变量替换。

一般的，来考虑一个光滑的函数 $f : \mathbf{R} \to \mathbf{R}$，同时给出来区间 $(0,1)$ 上的一个划分以后

$$0 = t_0 < t_1 < \cdots < t_n = 1$$

那么

$$f(W_1) - f(W_0) = \sum_{i=1}^n \left(f(W_{t_{i+1}}) - f(W_{t_i})\right)$$

但是每个小区间上面应该有

$$f(W_{t_{i+1}}) - f(W_{t_i}) \sim f'(W_{t_i})(W_{t_{i+1}} - W_{t_i}) + \frac{1}{2}f''(W_{t_i})(W_{t_{i+1}} - W_{t_i})^2$$

但是后面一项在期望下近似等于

$$\frac{1}{2}f''(W_{t_i})(t_{i+1} - t_i)$$

所以这样一来就有

$$f(W_1) - f(W_0) = \sum_{i=1}^{n} f'(W_{t_i})(W_{t_{i+1}} - W_{t_i}) + \frac{1}{2} f''(W_{t_i})(W_{t_{i+1}} - W_{t_i})^2$$
$$\sim \sum_{i=1}^{n} f'(W_{t_i})(W_{t_{i+1}} - W_{t_i}) + \frac{1}{2} f''(W_{t_i})(t_{i+1} - t_i)$$

从而取极限以后就成为

$$f(W_1) - f(W_0) = \int_0^1 f'(W_t) \mathrm{d}W_t + \frac{1}{2} \int_0^1 f''(W_t) \mathrm{d}t$$

写成微分形式就是

$$\mathrm{d}f(W_t) = f'(W_t) \mathrm{d}W_t + \frac{1}{2} f''(W_t) \mathrm{d}t$$

进一步有下面的定理。

定理 7.6 令 $f(t,x)$ 为连续函数，偏导数 $f_t(t,x)$，$f_x(t,x)$ 和 $f_{xx}(t,x)$ 均有定义且连续。再假定 W_t 为布朗运动，则对任意 $T > 0$，有

$$f(T, W_T) = f(0, W_0) + \int_0^T f_t(t, W_t) \,\mathrm{d}t + \int_0^T f_x(T, W_t) \,\mathrm{d}W_t + \frac{1}{2} \int_0^T f_{xx}(t, W_t) \,\mathrm{d}t \tag{7.13}$$

或写成微分形式：

$$\mathrm{d}f(t, W_t) = f_t(t, W_t) \,\mathrm{d}t + f_x(t, W_t) \,\mathrm{d}W_t + \frac{1}{2} f_{xx}(t, W_t) \,\mathrm{d}t \tag{7.14}$$
$$= \left(f_t(t, W_t) + \frac{1}{2} f_{xx}(t, W_t) \right) \mathrm{d}t + f_x(t, W_t) \,\mathrm{d}W_t \tag{7.15}$$

定理 7.7 (Itô 引理) 令 X_t 为 Itô 过程，定义如下：

$$X_t = S(0) + \int_0^t \Delta(u) \,\mathrm{d}W_u + \int_0^t \Theta(u) \,\mathrm{d}u$$

再令 $f(t,x)$ 为连续函数且偏导数 $f_t(t,x)$，$f_x(t,x)$ 及 $f_{xx}(t,x)$ 均有定义且

连续。则对任意 $T > 0$,

$$f(T, X_T) = f(0, X_0) + \int_0^T f_t(t, X_t)\,dt + \int_0^T f_x(t, X_t)\,dX_t +$$
$$\frac{1}{2}\int_0^T f_{xx}(t, X_t)\,d[X,X](t)$$
$$= f(0, X_0) + \int_0^T f_t(t, X_t)\,dt + \int_0^T f_x(t, X_t)\,\triangle(t)\,dW_t +$$
$$\int_0^T f_x(t, X_t)\Theta(t)\,dt + \frac{1}{2}\int_0^T f_{xx}(t, X_t)\,\triangle^2(t)\,dt$$

写成微分形式，有

$$df(t, X_t) = f_t(t, X_t)\,dt + f_x(t, X_t)\,dX_t + \frac{1}{2}f_{xx}(t, X_t)\,dX_t dX_t$$

上述 Itô 引理是学习金融数学的一个基本工具。利用 Itô 引理，我们可以求解一些简单的随机微分方程。最简单的随机微分方程为

$$dS = \mu dt + \sigma dW_t \tag{7.16}$$

这里 μ, σ 都是常数。这个方程的解就是

$$S = S_0 + \mu t + \sigma W_t$$

但是在金融里面更为有用的是下面的几何布朗运动。令 μ, σ 为两个常数，考虑方程

$$dS = \mu S dt + \sigma S dW \tag{7.17}$$

为了解这个方程，需要利用 Itô 引理，对 $\ln S$ 微分，

$$d\ln S = \frac{1}{S}dS - \frac{1}{2S^2}dSdS$$
$$= \mu dt + \sigma dW - \frac{1}{2}\sigma^2 dt$$
$$= (\mu - \frac{1}{2}\sigma^2)dt + \sigma dW$$

于是，有

$$\ln S_t = \ln S_0 + (\mu - \frac{1}{2}\sigma^2)t + \sigma W_t \tag{7.18}$$

去掉对数符号，则有

$$S_t = S_0 \exp\left((\mu - \frac{1}{2}\sigma^2)t + \sigma W_t\right) \tag{7.19}$$

解在任何时刻的对数是一个正态分布，所以又称 S_t 为对数正态分布。

考虑另外一个例子：

$$\mathrm{d}r = (\alpha - \beta r)\mathrm{d}t + \sigma \mathrm{d}W_t \tag{7.20}$$

这个过程通常用来模拟利率过程。为了解这个方程，考虑

$$\begin{aligned} \mathrm{d}(\mathrm{e}^{\beta t}r) &= \beta \mathrm{e}^{\beta t}r\,\mathrm{d}t + \mathrm{e}^{\beta t}\mathrm{d}r \\ &= \beta \mathrm{e}^{\beta t}r\mathrm{d}t + \mathrm{e}^{\beta t}(\alpha - \beta r)\mathrm{d}t + \sigma \mathrm{e}^{\beta t}\mathrm{d}W_t \\ &= \alpha \mathrm{e}^{\beta t}\mathrm{d}t + \sigma \mathrm{e}^{\beta t}\mathrm{d}W_t \end{aligned}$$

这样就可以给出一个解：

$$\begin{aligned} \mathrm{e}^{\beta t}r(t) &= r(0) + \int_0^t \alpha \mathrm{e}^{\beta s}\mathrm{d}s + \int_0^t \sigma \mathrm{e}^{\beta s}\mathrm{d}W_s \\ &= r(0) + \frac{\alpha}{\beta}(\mathrm{e}^{\beta t} - 1) + \int_0^t \sigma \mathrm{e}^{\beta s}\,\mathrm{d}W_s \end{aligned}$$

于是有

$$r(t) = \mathrm{e}^{-\beta t}r(0) + \frac{\alpha}{\beta}(1 - \mathrm{e}^{-\beta t}) + \int_0^t \sigma \mathrm{e}^{\beta(s-t)}\mathrm{d}W_s$$

因为 Itô 积分

$$\int_0^t \sigma \mathrm{e}^{\beta(s-t)}\,\mathrm{d}W_s$$

是个正态分布，我们知道 $r(t)$ 必然也是个正态分布，并且根据定理 7.3,

$$\begin{aligned} E\big(r(t)\big) &= \mathrm{e}^{-\beta t}r(0) + \frac{\alpha}{\beta}(1 - \mathrm{e}^{-\beta t}) \\ V\big(r(t)\big) &= \int_0^t \sigma^2 \mathrm{e}^{2\beta(s-t)}\mathrm{d}s = \frac{\sigma^2}{2\beta}(1 - \mathrm{e}^{-2\beta t}) \end{aligned}$$

8 期权的 Black-Scholes 定价方程

具备了前面的随机过程特别是 Itô 积分理论基础以后,就可以建立著名的 Black-Scholes 期权定价方程,同时使用求解方程以后可以给若干利率衍生品定价。Black-Scholes 方程和求解公式在股票衍生品中扮演着重要的角色,我们将会看到其在利率衍生品中也扮演举足轻重的角色。

8.1 Black-Scholes 方程的建立

为了推导期权或者一般衍生品所满足的方程,先从证券所应该满足的随机过程开始研究。上一章结束的时候我们提出可以使用下面的随机微分方程来描述证券的价格过程:

$$\mathrm{d}S_t = \mu S_t \mathrm{d}t + \sigma S_t \mathrm{d}W_t \tag{8.1}$$

其中,W 是标准布朗运动;μ 是证券的期望增长率;σ 是证券的波动率。进一步,我们还需要以下假设:

(1) 证券的增长率 μ 和证券波动率 σ 在期权存续期内是关于证券市值和时间的已知函数。

(2) 证券在期权存续期内无红利发放。

(3) 交易市场没有无风险套利机会,就是说两个无风险资产或资产组合必须有相同的回报,即无风险利率 r。

(4) 市场上没有交易费用,证券的买卖交易可以连续进行。市场允许卖空而且资产是可分的。就是说我们可以买卖任意数量的证券,而且可以融券卖出我们并不持有的证券。

在这些前提假设下,可以开始推导期权所应该满足的方程。假设我们持有一个期权,其在到期时间 T 点的收益函数仅仅依赖 T 时刻的股价,用函数表达就是 $h(S_T)$。这种期权我们今后称之为与路径无关的欧式未定权益,其今天的价值 $V(S,t)$ 也仅依赖 S 和 t。显然,当

$$h(S_T) = \max(S_T - K, 0) \tag{8.2}$$

的时候,这个欧式未定权益就是执行价为 K 的欧式看涨期权。当

$$h(S_T) = \max(K - S_T, 0) \tag{8.3}$$

的时候,这个欧式未定权益就是执行价为 K 的欧式看跌期权。现在没有必要具体指明 V 是一个看涨期权还是一个看跌期权;实际上,V 可以是任何的欧式未定权益。利用 Itô 引理,有

$$\mathrm{d}V = \sigma S_t \frac{\partial V}{\partial S}\mathrm{d}W_t + \left(\mu S_t \frac{\partial V}{\partial S} + \frac{1}{2}\sigma^2 S_t^2 \frac{\partial^2 V}{\partial S^2} + \frac{\partial V}{\partial t}\right)\mathrm{d}t \tag{8.4}$$

这表明 V 是一个随机过程,而 W 是使 V 产生不确定性的来源。注意到我们要求 V 至少对 t 一阶可导,对 S 二阶可导。

现在构造由一个期权和数量为 $-\triangle_t$ 的基础资产组成的投资组合。$\triangle_t$ 这个数量还不确定。这个投资组合的价值为

$$\Pi_t = V - \triangle_t \cdot S_t \tag{8.5}$$

注意到 $\triangle$ 在这个单位时间 $\mathrm{d}t$ 内是固定的,一个 $\mathrm{d}t$ 时间单位该投资组合价值的变化为

$$\mathrm{d}\Pi_t = \mathrm{d}V - \triangle_t \cdot \mathrm{d}S_t$$

其金融意义为:投资组合的价值变化仅来自股票和期权价值的变化,除此以外我们不买卖任何证券,也不再投入额外的资金。再由式 (8.4),有

$$\mathrm{d}\Pi_t = \sigma S_t\left(\frac{\partial V}{\partial S} - \triangle_t\right)\mathrm{d}W_t + \left(\mu S_t \frac{\partial V}{\partial S} + \frac{1}{2}\sigma^2 S_t^2 \frac{\partial^2 V}{\partial S^2} + \frac{\partial V}{\partial t} - \mu\triangle_t S_t\right)\mathrm{d}t \tag{8.6}$$

通过取

$$\triangle_t = \frac{\partial V(S,t)}{\partial S} \tag{8.7}$$

可以完全消除其不确定性，即 dW_t 项，由此得到一个增量可以完全确定的投资组合：

$$d\Pi_t = \left(\frac{\partial V}{\partial t} + \frac{1}{2}\sigma^2 S_t^2 \frac{\partial^2 V}{\partial S^2}\right)dt \tag{8.8}$$

由关于无风险套利的假设，无风险投资组合只能得到无风险回报，即

$$d\Pi_t = r\Pi_t dt = \left(\frac{\partial V}{\partial t} + \frac{1}{2}\sigma^2 S_t^2 \frac{\partial^2 V}{\partial S^2}\right)dt \tag{8.9}$$

最后代入式 (8.5) 和式 (8.7)，等式两边同时除以 dt，有

$$\frac{\partial V}{\partial t} + \frac{1}{2}\sigma^2 S^2 \frac{\partial^2 V}{\partial S^2} + rS\frac{\partial V}{\partial S} = rV(S,t) \tag{8.10}$$

这被称为 Black-Scholes 偏微分方程。加上它的扩展和变化，这个方程在本书的余下部分扮演了重要的角色。这个方程最令人惊奇的一点就是，它并不包含标的证券的收益率 μ；就是说，期权价值与资产价值增长的快慢是独立的。在基础资产满足的随机微分方程 (8.1) 中，唯一对期权价格产生影响的参数就是波动率 σ。由此我们总可以假设资产服从下面的随机微分方程

$$dS_t = rS_t\,dt + \sigma S_t\,dW_t \tag{8.11}$$

因为其解为

$$S_t = S_0 \exp\left((r - \frac{1}{2}\sigma^2)t + \sigma W_t\right)$$

我们看到上述的股价作为随机变量满足对数正态分布。另一个值得注意的事实是，为了构造一个无风险的投资组合，需要通过不断地卖出数量为 $\triangle = \frac{\partial V}{\partial S}$ 的股票来调整投资组合。这个数量常常被称为 Delta。我们还需要强调，Black-Scholes 方程不仅对看涨、看跌期权，而且对其他的欧式期权都成立，比如二元期权等，因为我们在推导这个方程的过程中并没有用到看涨或看跌期权所特有的性质。

在推导这个方程的过程中，还有一点值得注意：为了消除不确定性，曾令

$$\triangle = \frac{\partial V}{\partial S}$$

一般来说，$\triangle$ 不是个常数。但是我们还曾经从等式

$$\Pi_t = V - \triangle \cdot S_t$$

得到了方程

$$d\Pi_t = dV - \triangle \cdot dS_t$$

熟知，在普通的微积分学中，应该是

$$d\Pi_t = dV - \triangle \cdot dS_t - d\triangle \cdot S_t$$

为什么最后一项消失掉了？这里不是疏忽，而是因为我们利用了交易必须是自融资的这个概念。

至此，我们完整推导了 Black-Scholes 偏微分方程。我们的出发点是去寻找一个完全对冲期权收益的方法，具体办法是构造一个投资组合，其中包括了期权和基础股票，基础股票的数量随着时间连续变化。这样，我们保证了投资组合是自融资的，就是说，投资组合的价值的变化完全来源于基础股票的价格的变化，所以当我们的投资组合完全复制了期权的收益以后，就把股票的随机波动性带来的不确定性完全消除了，所以根据无套利的条件，我们的投资组合的价值就只能像银行存款那样以无风险利率增长了。这个过程就是我们推导的逻辑主线。

但是在处理利率模型的时候，我们知道利率本身并不是可交易资产，这点跟股票的情况不一样。我们通常关心的情况是，随机微分方程应该是关于利率的，而利率的相关产品，如债券才是可交易的资产。所以为了使得我们的推导更具有一般性，在这一节，我们将采用另一种方法来推导 Black-Scholes 方程，并介绍一个概念：风险的市场价格。

首先，我们从一个基本量的随机微分方程出发，设 F 和它的随机微分方程为

$$dF = \mu(t, F)dt + \sigma(t, F)\,dW \tag{8.12}$$

为了简化记号，我们经常在不至于引起误会的情况下省略下标 t。同时这里的 F 只是个普通的量，而并不一定是个可交易资产。现在假设有两个依赖于价值 F 和时间 t 的衍生产品，它们的价值分别记为 f 和 g。它们应该满足以下方程：

$$df = \mu_1 f dt + \sigma_1 f\,dW$$

$$dg = \mu_2 g dt + \sigma_2 g\,dW$$

8 期权的 Black-Scholes 定价方程

实际上，收益率 μ_i 和波动率 σ_i 可以用 Itô 引理给出：

$$\mu_1 = \frac{\frac{\partial f}{\partial t} + \mu \frac{\partial f}{\partial F} + \frac{1}{2}\sigma^2 \frac{\partial^2 f}{\partial F^2}}{f} \tag{8.13}$$

$$\mu_2 = \frac{\frac{\partial g}{\partial t} + \mu \frac{\partial g}{\partial F} + \frac{1}{2}\sigma^2 \frac{\partial^2 g}{\partial F^2}}{g} \tag{8.14}$$

及

$$\sigma_1 = \frac{\sigma}{f}\frac{\partial f}{\partial F} \tag{8.15}$$

$$\sigma_2 = \frac{\sigma}{g}\frac{\partial g}{\partial F} \tag{8.16}$$

现在我们希望构造一个投资组合（或参照组合）

$$V = \alpha f + \beta g$$

这个投资组合是自融资的（Self Financing），而且没有任何的盈亏不确定性。自融资意味着

$$\begin{aligned}\mathrm{d}V &= \alpha \mathrm{d}f + \beta \mathrm{d}g \\ &= (\alpha\mu_1 f + \beta\mu_2 g)\mathrm{d}t + (\alpha\sigma_1 f + \beta\sigma_2 g)\mathrm{d}W\end{aligned} \tag{8.17}$$

其金融意义为：投资组合的价值变化仅来自投资组合中各种资产价值的变化。我们不买卖任何证券，也不再投入额外的资金。就是这个原因使得我们在上述的微分等式中只对资产进行微分，而对于资产的系数不进行微分，因为任何的投资组合的变化是来自其中的资产价值的变化的，我们并没有改变任何资产拥有的数量。因为资产拥有的数量的变化就要破坏自融资的要求了。自融资的概念是个非常重要的概念，也是整个期权定价理论的核心之一。我们在下一章还要做更详细的定义。由于我们要求没有盈亏不确定性，得到

$$\alpha\sigma_1 f + \beta\sigma_2 g = 0 \tag{8.18}$$

系数 α 和 β 可由

$$\alpha = \frac{\tilde{\alpha}V}{f}, \qquad \beta = \frac{\tilde{\beta}V}{g}$$

得到。与此同时 $\tilde{\alpha}$ 和 $\tilde{\beta}$ 满足

$$\tilde{\alpha} + \tilde{\beta} = 1$$
$$\tilde{\alpha}\sigma_1 + \tilde{\beta}\sigma_2 = 0$$

可解得

$$\tilde{\alpha} = \frac{-\sigma_2}{\sigma_1 - \sigma_2}, \quad \tilde{\beta} = \frac{\sigma_1}{\sigma_1 - \sigma_2} \tag{8.19}$$

根据这个解，再由无风险投资组合只能以无风险利率增长的假设，我们有

$$\mathrm{d}V = (\tilde{\alpha}\mu_1 + \tilde{\beta}\mu_2)V\mathrm{d}t = rV\mathrm{d}t$$

所以

$$\tilde{\alpha}\mu_1 + \tilde{\beta}\mu_2 = r = r\tilde{\alpha} + r\tilde{\beta}$$

可以把它整理为

$$\tilde{\alpha}(\mu_1 - r) = -\tilde{\beta}(\mu_2 - r)$$

与式 (8.19) 联立，有

$$\frac{\mu_1 - r}{\sigma_1} = \frac{\mu_2 - r}{\sigma_2} \tag{8.20}$$

我们的结论是：对于任何一个依赖市值 F 和时间 t 的衍生品，其

$$\frac{\mu - r}{\sigma} = \lambda$$

是一个固定的值，不依赖衍生品本身。这个量，我们称作风险的市场价格。

我们解释一下这个名词。给出一个资产，它的期望收益为 μ。那么 $\mu - r$ 就给出了它与无风险投资收益的差别。这个差别既然是一个资产超出无风险投资收益的部分，自然要承担风险，而风险可以用波动率刻画。更高的波动率会带来更高的风险，所以，$(\mu - r)/\sigma$ 就给出单位波动率下超出无风险投资的收益。这是为什么 λ 被称为风险的市场价格。

回到方程 (8.20)，我们有

$$\mu_i - r = \sigma_i \lambda, \quad i = 1, 2 \tag{8.21}$$

它的金融意义是：在市场上只依赖同一个证券的衍生品的风险的市场价格都相同，否则将引出套利。利用方程 (8.13)，我们终于得到了 Black-Scholes 方程

$$\frac{\partial f}{\partial t} + (\mu - \lambda\sigma)\frac{\partial f}{\partial F} + \frac{1}{2}\sigma^2\frac{\partial^2 f}{\partial F^2} = rf \tag{8.22}$$

这个方程对所有基于 F 的衍生产品都成立。特别地，在 $S = F$ 本身是可交易的证券时，对 S 自己也成立。设 $f = S$ 并代入方程，有

$$\mu - \lambda\sigma = r$$

所以可以把方程写为

$$\frac{\partial f}{\partial t} + rS\frac{\partial f}{\partial S} + \frac{1}{2}\sigma^2 S^2 \frac{\partial^2 f}{\partial S^2} = rf \tag{8.23}$$

我们又一次得到了类似的方程，只不过第一次我们使用的是可交易的资产建立的随机微分方程，第二次我们使用的是一般的量满足的随机微分方程。但是作为一个可交易资产仍然要满足类似的偏微分方程。

8.2 债券满足的方程

通过构建 Black-Scholes 方程，我们可以给利率衍生品建立应该满足的方程。首先，对于一个无息债券，或者对应的是折现值

$$B(t,T) = E\left(\mathrm{e}^{-\int_t^T r(s)\mathrm{d}s}\right)$$

从这个方程中可以看到，如果我们对于 t 求导数就会有

$$\frac{\mathrm{d}B(t,T)}{\mathrm{d}t} = E\left(r(t)\mathrm{e}^{-\int_t^T r(s)\mathrm{d}s}\right) = r(t)B(t,T)$$

注意到 $B(t,T)$ 并不是一个光滑的函数，单单对于 t 求导不足以刻画出它的随机特点。我们需要用随机微分方程来刻画。作为一个扩散的随机过程，一般有两项：一个是漂移项，另一个是扩散项。漂移项就应该是

$$r(t)B(t,T)\mathrm{d}t$$

为了刻画扩散项需要引入布朗运动，

$$\mathrm{d}B(t,T) = r(t)B(t,T)\mathrm{d}t + \sigma(t,T)\mathrm{d}W_t$$

这里 $\sigma(t,T)$ 是相应的波动率。

我们希望把 $B(t,T)$ 和驱动市场的短期利率结合起来。为此，还需要研究短期利率 r_t 的随机微分方程。如果给出了短期利率的随机微分方程，比如

$$\mathrm{d}r_t = a(r,t)\mathrm{d}t + b(r,t)\mathrm{d}W_t$$

把 $B(t,T)$ 看成是 r_t 的函数，利用 Itô 引理，应该有

$$\mathrm{d}B(t,T) = \left(\frac{\partial B}{\partial t} + a(r,t)\frac{\partial B}{\partial r} + \frac{1}{2}b^2(r,t)\frac{\partial B}{\partial r^2}\right) + b(r,t)\frac{\partial B}{\partial r}$$

结合我们看到的 $B(t,T)$ 应该满足的对于 t 的导数，所以有

$$\frac{\partial B}{\partial t} + a(r,t)\frac{\partial B}{\partial r} + \frac{1}{2}b^2(r,t)\frac{\partial^2 B}{\partial r^2} = rB(t,T)$$

而这就是无息债券应该满足的 Black-Scholes 方程，同时满足边界条件为 $B(T,T) = 1$。

我们看一个简单的情况，就是在利率满足下面的随机微分方程

$$\mathrm{d}r_t = a\mathrm{d}t + \sigma\mathrm{d}W_t$$

这里 $a, \sigma > 0$ 都是个常数。这个随机微分方程的解就是

$$r_t = r_0 + at + \sigma W_t$$

其可能为负，所以未必是最好的一个模型，但是我们暂时忽略这个状况来看债券的表达形式。根据债券应该满足的方程，应该有

$$\frac{\partial B}{\partial t} + a\frac{\partial B}{\partial r} + \frac{1}{2}\sigma^2\frac{\partial^2 B}{\partial r^2} = rB(t,T)$$

我们试图来求解这个微分方程的解。假定债券价格的解应该是

$$B(t,T,r) = \mathrm{e}^{a(t)r+b(t)}$$

的形式，而这里的 $a(t)$ 和 $b(t)$ 都是 t 的函数，同时满足边界条件

$$a(T) = 0, \quad b(T) = 0$$

把这个函数以及边界条件代入上面，应该看到 $a(t), b(t)$ 满足常微分方程

$$a'(t) = 1, \quad b'(t) + aa(t) + \frac{1}{2}\sigma^2 a^2(t) = 0$$

结合初始值就有

$$a(t) = t - T, \quad b(t) = -\frac{1}{6}\sigma^2(t-T)^3 - \frac{a}{2}(t-T)^2$$

所以债券价格成为

$$B(t, T, r) = \mathrm{e}^{-(T-t)r + \frac{1}{6}\sigma^2(T-t)^3} - \frac{a}{2}(T-t)^2$$

从这个解答中我们看到，如果真的债券的价格依赖短期利率过程，那么在零时刻计息的、在 T 时刻结束的即期收益率就成为

$$Z(0, T) = -\frac{\ln B(0, T)}{T} = r + \frac{a}{2}T - \frac{\sigma^2 T^2}{6}$$

这个表达式说明了两个事实：第一，短期利率是所有期限的即期收益率的驱动。短期利率增加，所有的即期收益率都跟随增加，反之所有的即期收益率都跟随降低。第二，即期收益率在短期随着到期时间增加而增加，而且呈上凸形状，这也反映了我们经常看到的利率曲线是到期时间的上凸、递增函数的现象。

但显然这个模型是太过简单化。首先短期利率的随机过程就是一个伸缩的布朗运动，其次假设了债券是由短期利率所唯一决定的。为了解决这个问题，在下面我们会建立更加完善的短期利率模型。

9 鞅测度和市场完备性

我们在这一章简单阐述一下完备的证券市场和鞅过程存在的理论。使用这个理论可以很方便地帮助来推导衍生品定价。这个方法就不需要经过 Black-Scholes 方程,从而直接从随机过程角度来建立资产定价。这章内容的详细情况请参考孙健所著《期权定价与交易》(复旦大学出版社)。这里我们给出一个简单情况的说明。

9.1 自融资和复制策略

为了模拟金融资产价格的随机性,我们首先引入概率空间 Ω,它代表了金融市场所有可能的状况和走过的路径,其中每一个元素都可以被看作金融资产价格随时间变化所产生的一条特殊的历史路径。为了使用概率论,我们还需要定义和随机过程相适应的域流用来描述信息积累的过程。为此我们有一个与这个概率空间相关的域流集合,即 σ 代数 $\mathscr{F}_t$,满足对任意 $t < t'$,

$$\mathscr{F}_t \subset \mathscr{F}_{t'}$$

域流代表实际路径中所有可利用的信息。最后,我们需要有个概率测度 P。我们总可以假设 σ 代数 $\mathscr{F}_0$ 是平凡的;就是说 $\mathscr{F}_0 = \{\emptyset, \Omega\}$。

由 n 个普通证券价格组成的向量可以用与 $\mathscr{F}$ 相适应的 n 维的非负随机变量来表示

$$S = (S^1, S^2, \cdots, S^n) \tag{9.1}$$

一个交易策略则是 n 维的并且适应于 $\mathscr{F}$ 的过程

$$\phi = (\phi^1, \phi^2, \cdots, \phi^n) \tag{9.2}$$

有时候为了表示它们对时间的依赖性，也会用

$$S_t = (S_t^1, S_t^2, \cdots, S_t^n) \tag{9.3}$$

来表示证券价格和用

$$\phi_t = (\phi_t^1, \phi_t^2, \cdots, \phi_t^n) \tag{9.4}$$

来表示交易策略。交易策略 ϕ 的财富过程 $V(\phi)$ 由下面等式定义：

$$V_t(\phi) = \phi_t \cdot S_t = \sum_{i=1}^n \phi_t^i S_t^i \tag{9.5}$$

首先研究离散时间市场，所以只考虑在离散时间点的情况：

$$0 = t_0 < t_1 < \cdots < t_T$$

用 u 来表示正整数，其中，$0 < u < T$。所以在时间 t_u，$0 < t_u < t_T$，证券的价格构成向量

$$S_u = (S_u^1, S_u^2, \cdots, S_u^n)$$

这里为了简化记号，我们用 S_u 而不是 S_{t_u} 来表示资产 S 对时间的依赖。由于每一个 S^i 代表一个金融资产，不失一般性，我们可以假设 $S_t^i > 0$ 总是成立的。一个交易策略是一个依赖时间的 n 维向量

$$\phi_u = (\phi_u^1, \phi_u^2, \cdots, \phi_u^n)$$

每一个 ϕ_u^i 代表在时刻 t_u，S^i 证券的数量。此时，财富过程也相应地被记为

$$V_u(\phi) = \phi_u \cdot S_u = \sum_{i=1}^n \phi_u^i S_u^i$$

开始时，ϕ_0 和 S_0 可以被看作确定的向量。但是，在时间零点以后，它们开始随机地变动。下面我们介绍一个重要的概念，事实上，我们以前就已经接触过了。直观上，财富的变化只应该来自金融资产的变化。为了描述这个性质，引入下列重要概念。

定义 9.1 交易策略 ϕ 被称为自融资（Self Financing），如果它满足对 $u = 1, 2, \cdots, T$ 有

$$\phi_{u-1} \cdot S_u = \phi_u \cdot S_u$$

这个定义的意义在于：任何时候，虽然可以通过改变持有资产的数量来改变投资组合，但是，需要保持财富总值不变。直观上，资产组合在时间零点构造好以后，只能在时刻 $t_1, t_2, \cdots, t_T$ 允许被调整。换句话说，资产组合结构在每一个时间区间 (t_i, t_{i+1}) 保持不变，到了 $t_1, t_2, \cdots, t_n$ 时刻，资产组合 ϕ 才得到调整，但是要保证其财富总值不变。以下是关于自融资交易策略的 3 个性质。

定理 9.1 交易策略 ϕ 是自融资的，当且仅当对任意 $0 < u \leqslant T$ 都有

$$V_u(\phi) = V_0(\phi) + \sum_{i=0}^{u-1} \phi_i \cdot (S_{i+1} - S_i) \tag{9.6}$$

这个性质是说在自融资的情况下，交易策略带来的收益仅仅来源于在 i 时刻到 $i+1$ 时刻证券价格变换。

定理 9.2 如果 ϕ_t 是个不依赖常数 t 的向量，那么 ϕ 必然是个自融资交易策略。

证明： 常量构成的交易策略就是持有资产而不作任何调整，

$$\phi_{u-1} \cdot S_u = \phi_u \cdot S_u = \phi \cdot S_u$$

的满足是显然的。 证毕

定理 9.3 如果 ϕ 和 ψ 是两个自融资交易策略，那么 $\phi + \psi$ 也是一个自融资交易策略。

证明： 这是因为若

$$\phi_{u-1} \cdot S_u = \phi_u \cdot S_u$$

并且

$$\psi_{u-1} \cdot S_u = \psi_u \cdot S_u$$

自然我们会有

$$(\phi_{u-1} + \psi_{u-1}) \cdot S_u = (\phi_u + \psi_u) \cdot S_u$$

即 $\phi + \psi$ 也是一个自融资交易策略。 证毕

从现在开始，我们把市场模型记为 $\mathcal{M} = (S, \Phi)$，其中，S 是一个与 $\mathcal{F}$ 相适应的随机过程，而 Φ 代表所有自融资的交易策略组成的集合。现在我们终于可以定义套利机会了。

定义 9.2 一个自融资交易策略 ϕ 被称为一个套利机会，如果

$$P(V_0(\phi) = 0) = 1$$

但 ϕ 的最终财富价值满足

$$P(V_T(\phi) \geqslant 0) = 1 \quad \text{且} \quad P(V_T(\phi) > 0) > 0 \tag{9.7}$$

如果在自融资交易策略集合 Φ 中不存在任何套利机会，我们就说市场 $\mathcal{M} = (S, \Phi)$ 是无套利的。

读者可能会感觉这个定义有限制。因为定义要求初始的财富价值为零，而最终的财富价值在正概率的情况下为正。我们以前曾经说，如果初始的财富价值为负，而最终的财富价值为零或正的，也是一种套利机会。这两个定义如何统一呢？我们有如下的定理。

定理 9.4 一个自融资交易策略 ϕ 满足在初始点，

$$P(V_0(\phi) < 0) = 1$$

但是在时刻 T，我们有

$$P(V_T(\phi) \geqslant 0) = 1$$

那么 ϕ 就是一个在定义 9.2 中定义过的套利机会。

证明： 我们为了构造出来初始值是零的一个自融资交易策略，作如下的定义：对 $0 < u \leqslant T$,

$$\eta_u^1 = \phi_u^1$$
$$\eta_u^2 = \phi_u^2$$
$$\vdots$$
$$\eta_u^{n-1} = \phi_u^{n-1}$$
$$\eta_u^n = \phi_u^n - \frac{V_0(\phi)}{S_0^n}$$

首先，这是一个自融资交易策略。为什么呢？因为 ϕ 是自融资交易策略，而在 η_u^n 的定义中的 $\eta_u - \phi_u$ 是个常数，不参与资产的再调整，也是自融资交易策略，故而根据定理 9.3，其 η 和也是自融资交易策略。另外一方面，

$$V_0(\boldsymbol{\eta}) = 0$$

并且

$$V_T(\boldsymbol{\eta}) = V_T(\boldsymbol{\phi}) - \frac{V_0(\boldsymbol{\phi})}{S_0^n} S_T^n > 0$$

从而 ϕ 成为一个自融资的套利交易策略。 证毕

定义 9.3 任意一个 $\mathscr{F}_T$ 可测的随机变量又称为交割时间为 T 的欧式未定权益 X（European Contingent Claim）。

欧式未定权益这里的金融含义就是一个期权的收益函数。但是这个收益函数可能不仅仅依赖资产在时刻 T 的价格，也可以依赖资产在任意 $t < T$ 时刻的价格，这是由于 $\mathscr{F}_T$ 是域流 $\mathscr{F}_t$ 中最大的 σ 代数。但是这个收益要等到时刻 T 才可以实现，这就是为什么我们称其为欧式未定权益的原因。

定义 9.4 一个关于交割时间为 T 的欧式未定权益 X 的复制策略（Replicating Strategy）是一个自融资交易策略 ϕ，使得 $V_T(\phi) = X$。

如果欧式未定权益 X 存在一个自融资交易策略

$$\phi_t = (\phi_t^1, \phi_t^2, \cdots, \phi_t^n) \tag{9.8}$$

那么我们只要在时刻 t 拥有 ϕ_t^i 这么多的资产 S^i，财富过程 $V_t(\phi)$ 就可以保证我们有 $V_T(\phi) = X$。这就是说欧式未定权益 X 可以被我们的投资过程完全复制。给定一个权益 X，我们记 Π_X 为由 X 的所有复制策略组成的集合。在 Π_X 中的任何一个策略 ϕ 的财富过程 $V_t(\phi)$ 被称为 $\mathcal{M}$ 中 X 的复制过程。最后，我们说权益 X 在 $\mathcal{M}$ 中是可得到的，如果它至少有一个复制过程。下面的定义涉及上面的性质。

定义 9.5 市场 $\mathcal{M}$ 被称为完备的，如果每个权益 X 在 $\mathcal{M}$ 中都可得到。或者等价地说，如果对每个 $\mathscr{F}_T$ 可测的随机变量 X，至少存在一个交易策略 $\phi \in \Phi$，使得 $V_T(\phi) = X$。

金融市场模型中的这种完备性是具有吸引力的，因为有了这条性质，任何欧式未定权益都可以用无套利理论定价，而且它的价格可以用动态自融资资产组合的方法确定。现在我们面临复制策略唯一性的问题。

定义 9.6 我们称 X 在 $\mathcal{M}$ 中是被唯一复制的，如果在 $\mathcal{M}$ 中它只有唯一的复制过程；就是说，如果 ϕ 和 ψ 都是 X 的复制策略，则对任何 $u \leqslant T$：

$$V_u(\phi) = V_u(\psi)$$

对每对交易策略 $\phi, \psi \in \Phi_X$ 都成立。在这种情况下，$V(\phi)$ 过程就被称为 X 在 $\mathcal{M}$ 中的财富过程。

定理 9.5 假设市场 $\mathcal{M}$ 是无套利的，则任何可得到的权益 X 都是在 $\mathcal{M}$ 中被唯一复制的。

证明： 假设有两个复制权益 ϕ 和 ψ，并且

$$V_T(\phi) = V_T(\psi) = X$$

如果 $V_0(\phi) \neq V_0(\psi)$，不失一般性，假设

$$V_0(\phi) > V_0(\psi)$$

可以定义一个新策略：

$$\eta_u^1 = \psi_u^1 - \phi_u^1$$
$$\eta_u^2 = \psi_u^2 - \phi_u^2$$
$$\vdots$$
$$\eta_u^n = \psi_u^n - \phi_u^n + \frac{V_0(\phi) - V_0(\psi)}{S_0^n}$$

容易证明 η 是一个自融资策略，而且 $V_0(\eta) = 0$，并且

$$V_T(\eta) = V_T(\psi) - V_T(\phi) + \frac{V_0(\phi) - V_0(\psi)}{S_0^n} S_T^n$$
$$= \frac{V_0(\phi) - V_0(\psi)}{S_0^n} S_T^n > 0$$

这表明 η 是个套利的自融资策略，这与无套利假定矛盾。但是如果 $V_0(\phi) = V_0(\psi)$，那么一定存在时间 v，使得对任何 $u < v$，$V_u(\phi) = V_u(\psi)$；但是对 v，我们有 $V_v(\phi) \neq V_v(\psi)$。不失一般性，我们再次假定 $V_v(\phi) > V_v(\psi)$，并定义 $\eta_u = 0$ 对所有的 $u < v$，但是对于 $u \geqslant v$，定义

$$\eta_u^1 = \psi_u^1 - \phi_u^1$$
$$\eta_u^2 = \psi_u^2 - \phi_u^2$$
$$\vdots$$
$$\eta_u^n = \psi_u^n - \phi_u^n + \frac{V_0(\phi) - V_0(\psi)}{S_0^n}$$

易验证 η 是一个自融资策略，而且

$$V_0(\eta) = 0, \quad V_T(\eta) > 0$$

这又与无套利假定矛盾。 证毕

9.2 单期市场鞅测度存在性

前面证明了若等价鞅测度存在，则无套利条件成立。无套利条件成立时，等价鞅测度应该是成立的。我们就从几个简单情况来看这个问题。

下面我们在无套利条件下证明等价鞅测度的存在性。为了阐明基本的想法和理论，先研究单期市场的情形。只观察两个时间点 $t = 0$ 和 $t = T$ 上的资产价格。为了进一步简化分析，先来看看市场中只有两只证券的情形。假定市场上的证券都是标准化了的：

$$S_0 = (1, a) \quad 且 \quad S_T = (1, Y)$$

其中，Y 是概率空间 $(\Omega, \mathscr{F}, P)$ 上期望有限的随机变量。下面给出一个自融资策略：

$$\phi = (\theta_0, \theta_1)$$

在单期市场模型中，θ_0 和 θ_1 都是常数，它们是在零点就被设定好了的。资产组合在零时刻和 T 时刻的价值分别是

$$V_0(\phi) = \theta_0 + \theta_1 a \quad 且 \quad V_T(\phi) = \theta_0 + \theta_1 Y$$

现在，如果 $Y \geqslant a$ 并且 $P(Y > a) > 0$，可以令 $\theta_0 = 0$ 和 $\theta_1 = 1$，因为

$$P(V_T(\phi) > V_0(\phi)) > 0$$

这样就可以套利了。如果 $Y \leqslant a$ 并且 $P(Y < a) > 0$，可以令 $\theta_0 = 0$ 和 $\theta_1 = -1$，这时也可以产生套利。唯一可以防止套利的情形就是

$$P(Y > a) > 0, \quad 并且 \quad P(Y < a) < 0 \tag{9.9}$$

用金融术语说就是：证券 Y 可能落到高于或低于起始点 a 的价位，但不能肯定 Y 一定会高于或低于 a 点。但是，这样的一个宽松条件下，还得不到如下性质：

$$E_P(Y) = a$$

另一方面我们想证明，可以找到 P 的一个等价测度 Q，使得

$$E_Q(Y) = a$$

要构建 Q，可以构造一个在 Ω 上恒为正的函数 $f > 0$，使得 $\mathrm{d}Q = f\mathrm{d}P$。为此设

$$f = \begin{cases} f_1, & Y > a \\ f_2, & Y < a \end{cases}$$

f_1 和 f_2 都将是正常数。定义下列变量：

$$P(Y > a) = p_1$$
$$P(Y < a) = p_2$$
$$\int_{Y > a} (Y - a)\mathrm{d}P = e_1$$
$$\int_{Y < a} (a - Y)\mathrm{d}P = e_2$$

由条件 (9.9)，有

$$p_1, p_2, e_1, e_2 > 0$$

则
$$E^Q(Y) = \int_{Y>a} Yf_1 dP + \int_{Y<a} Yf_2 dP$$
$$= \int_{Y>a} f_1(Y-a)dP + af_1 \int_{Y>a} dP$$
$$- \int_{Y<a} f_2(a-Y)dP + af_2 \int_{Y<a} dP$$
$$= f_1 e_1 + af_1 p_1 - f_2 e_2 + af_2 p_2$$
$$= f(e_1 + ap_1) - f_2(e_2 - ap_2)$$

另一方面,我们要求 Q 下的总测度为 1,所以我们有
$$\int_\Omega dQ = \int_{Y>a} f_1 dP + \int_{Y<a} f_2 dP$$
$$= f_1 p_1 + f_2 p_2$$

然后求解方程组
$$\begin{cases} f_1 p_1 + f_2 p_2 = 1 \\ f_1(e_1 + ap_1) - f_2(e_2 - ap_2) = a \end{cases}$$

解为
$$f_1 = \frac{e_2}{p_1 e_2 + p_2 e_1}$$
$$f_2 = \frac{e_1}{p_1 e_2 + p_2 e_1}$$

由于 p_1, p_2, e_1, e_2 全为正,故而 f_1, f_2 的解也是正的。这证明了我们的假设:的确存在一个等价测度,使得 Y 是一个鞅。

证明了单期市场在只有两只证券的情形下鞅测度存在性之后,在有多只证券的情形下证明同样的结果。

多只证券记为 $X_1, X_2, \cdots, X_n$,同时还假定有现金,其中现金可以是正的或者负的。市场上一共有 k 个等概率的离散状态,这些状态为
$$w_1, w_2, \cdots, w_k$$

在每个状态下,有 $\boldsymbol{X}_i \in \mathbf{R}^k$ 是个 k 维向量,每个分量记为 X_{ij}。所以市场的 n 个证券一共对应着 n 个 $\mathbf{R}^k$ 向量。因为有现金产品,可以假设这些证

券的初始价格都是零，不是零的用现金来弥补。无套利条件现在就对应不存在一组线性系数 θ_i 使得

$$\sum_{i=1}^n \theta_i X_{ij} \geqslant 0, \quad \sum_{j=1}^k \sum_{i=1}^n \theta_i X_{ij} > 0$$

在这样的条件下证明有等价鞅测度 Q 使得

$$E_Q(\boldsymbol{X}_i) = 0$$

为此，考虑下面的两个点集

$$A = \{\boldsymbol{X} \in \mathbf{R}^k | X_j \geqslant 0, \sum_{j=1}^k X_j > 0\}$$

$$B = \{\sum_{i=1}^n \theta_i \boldsymbol{X}_i \in \mathbf{R}^k\}$$

显然根据无套利条件 $A \cap B = \varnothing$。在欧式空间中有凸集合的分离定理，考虑到 B 是个线性子空间，所有有 $\boldsymbol{l} \in \mathbf{R}^k$，使得对于每个 $\boldsymbol{x} \in A$，有

$$(\boldsymbol{l}, \boldsymbol{x}) > 0$$

对于每个 $\boldsymbol{y} \in B$，有

$$(\boldsymbol{l}, \boldsymbol{y}) = 0$$

根据第一个不等式可以得到 $l_i > 0$，根据第二个等式，因为有 $\boldsymbol{X}_i \in B$，所有 $(\boldsymbol{l}, \boldsymbol{X}_i) = 0$。现在定义

$$l(w_j) = \frac{l_j}{\sum_{j=1}^k l_i}$$

作为 P 的等价测度 Q，而且显然在 Q 测度下

$$E_Q(\boldsymbol{X}_i) = 0$$

9.3 多期市场鞅测度存在性

我们在单期市场的假设下证明了无套利原则蕴含鞅测度的存在性。多期市场情况下这个原则也是成立的。具体叙述请参见孙健著《期权定价与

交易》。我们这里就把最后的连续的结果叙述一下。在连续的情形下会用到很多比较专业的随机过程知识，但是这和金融的关系不是很大，我们不在此涉及过多。这里只陈述概念而不给出证明。感兴趣的读者可以自行参考有关的书籍或文献。

我们假设有了一个概率空间和 σ 代数 $\mathscr{F}_t$ 组成的域流集合，满足对任意 $t < t'$，$\mathscr{F}_t \subset \mathscr{F}_{t'}$。我们还是用 $\mathscr{F}$ 适应的，n 维的非负随机变量来模拟市场：

$$\boldsymbol{S} = (S^1, S^2, \cdots, S^n) \tag{9.10}$$

一个交易策略是 n 维适应于 $\mathscr{F}$ 的过程

$$\boldsymbol{\phi} = (\phi^1, \phi^2, \cdots, \phi^n) \tag{9.11}$$

在任意时间 t，分量 ϕ^i 代表了拥有资产 S^i 的数量。

定义 9.7 交易策略 $\boldsymbol{\phi}$ 的财富过程 $V(\boldsymbol{\phi})$ 由下面等式定义：

$$V_t(\boldsymbol{\phi}) = \boldsymbol{\phi}_t \cdot \boldsymbol{S}_t = \sum_{i=1}^n \phi_t^i S_t^i, \quad t \leqslant T \tag{9.12}$$

自融资的定义有所改变。因为在连续情形，我们应该用积分取代求和。

定义 9.8 交易策略 $\boldsymbol{\phi}$ 被称为自融资，如果它满足对所有 $0 \leqslant t \leqslant T$，

$$V_t(\boldsymbol{\phi}) = V_0(\boldsymbol{\phi}) + \int_0^t \boldsymbol{\phi}_u \cdot \boldsymbol{S}_u \, \mathrm{d}u$$

这里 u 将不再代表正整数，而是任何区间 $[0, T]$ 中的实数。

市场及其自融资策略的组合记为 $\mathcal{M} = (S, \Phi)$。同样地，有下述定义：

定义 9.9 一个自融资交易策略 $\boldsymbol{\phi}$ 被称为一个套利机会，如果

$$P(V_0(\boldsymbol{\phi}) = 0) = 1$$

但 $\boldsymbol{\phi}$ 的最终财富价值满足

$$P(V_T(\boldsymbol{\phi}) \geqslant 0) = 1 \quad 且 \quad P(V_T(\boldsymbol{\phi}) > 0) > 0 \tag{9.13}$$

我们说市场 $\mathcal{M} = (S, \Phi)$ 是无套利的，如果在自融资交易策略集合 Φ 中不存在任何套利机会。

定义 9.10 任意一个 $\mathscr{F}_T$ 可测的随机变量又被称为交割时间为 T 的欧式未定权益 X。

定义 9.11 一个关于交割时间为 T 的未定权益 X 的复制策略是一个自融资交易策略 ϕ，使得 $V_T(\phi) = X$。

给定一个权益 X，记 Π_X 为由 X 的所有复制策略组成的集合。在 Π_X 中的任何一个策略 ϕ 的财富过程 $V_t(\phi)$ 被称为 $\mathcal{M}$ 中 X 的复制过程。最后，我们说权益 X 在 $\mathcal{M}$ 中是可得到的，如果它至少有一个复制过程。

定义 9.12 市场 $\mathcal{M}$ 被称为完备的，如果每个权益 X 在 $\mathcal{M}$ 中都可得到；或者等价地说，如果对每个 $\mathscr{F}_T$ 可测的随机变量 X 存在至少一个交易策略 $\phi \in \Phi$ 使得 $V_T(\phi) = X$。

像在离散情形中一样，记 $B_t = S_t^1$，或者省略时间下标，而表示为 $B = S^1$。相对价格过程 S^* 定义为对所有的 $t \leqslant T$，

$$\boldsymbol{S}_t^* = \boldsymbol{S}_t B_t^{-1} = (S_t^1 B_t^{-1}, \cdots, S_t^n B_t^{-1}) = (1, S_t^2 B_t^{-1}, \cdots, S_t^n B_t^{-1})$$

相对价格又被称为标准化价格。

定义 9.13 $(\Omega, \mathscr{F}_T)$ 上的等价于 P 的概率测度 P^* 被称为 S^* 的鞅测度，如果对于所有 $t' < t$，

$$\boldsymbol{S}_{t'}^* = E(\boldsymbol{S}_t^* \mid \mathscr{F}_{t'})$$

我们当然希望像在离散时间市场条件下一样建立无套利和鞅测度存在的等价性。然而，我们有下面这个反例：抛普通的硬币，如果正面朝上，你赢 1 元钱；如果正面朝下，你输 1 元钱。你在每一次的赌博的期望收益都是 0，所以鞅测度是隐含在这游戏里的。另一方面，这样的游戏应该不存在套利。但是考虑下面的策略：如果第一次你输了 1 元，第二次你就赌 2 元钱，如果你又输了，第三次你就赌 4 元钱。以此类推，每次输了你就加倍，直到你第一次赢了为止。那么你赢的可能性是多少？根据初等概率论，每次都输的概率应该是

$$\lim_{n \to \infty} \frac{1}{2^n} = 0$$

所以第一次赢的概率应该是百分之百。一旦第一次赢的时间点是 k，那么你的收益将是

$$-2^0 - 2^1 - \cdots - 2^{k-1} + 2^k = 1$$

这样你从零开始，经过了自融资的过程以百分之百的概率取得了 1 元钱的结果，这本身符合套利的原理。如果这么简单的情况下都存在套利，我们不可能在一般的情形下幻想建立无套利和鞅测度的等价性了。有的读者可能会说这个过程中的时间可能是无限的，但是我们可以修改游戏规则以避免时间的无限性。比如，我们规定第 n 次赌博需要的时间是 $1/2^n$ 秒，那么整个游戏应该在 2 秒之内结束。时间点将是无限的，可是整个事件的时间区间有限。事实上，这个游戏中，和离散情形不同的是，参与游戏的你若想套利，需要有能力从银行借到无限的资金。这在现实中是做不到的。如果我们规定自融资过程中的价值是有下限的，那么，我们有可能建立等价性理论。事实上，在所谓"没有免费午餐及风险趋于零"的假设下，等价性理论是正确的，但是这要牵扯到许多数学理论（主要是泛函分析中的弱拓扑概念），我们在此不再过多涉及。

10 鞅测度下对利率衍生品定价

有了前面关于随机过程理论、Black-Scholes 方程、无套利和等价鞅过程的存在性的基础，我们可以对一些利率衍生品定价。为了利用无套利和等价鞅过程的利率，我们需要选取计价单位，就是在等价鞅过程理论中的计价资产。

我们很快会看到，在使用银行账户作为计价资产的时候，得到的是风险中性概率测度；在使用无息债券作为计价资产的时候，得到远期测度。在固定收益产品定价中，远期测度往往更加方便一些。在讨论利率掉期期权的时候，还需要把年金作为计价资产。这些方法都在固定收益定价中产生重要的作用。

10.1 计价单位

在第 9 章我们看到，无套利的金融市场中，给定了任何的计价单位资产以后，任何相对资产价格都满足鞅过程。这就为衍生品定价提供了一个理论基础。为此，给衍生品定价就需要明确计价单位。为此我们来仔细考察一下计价单位在股票期权中的作用。给出证券 S 的价格以后，假设证券价格遵循下面的随机微分方程

$$\mathrm{d}S_t = rS_t\mathrm{d}t + \sigma S_t\mathrm{d}W_t \tag{10.1}$$

在这个资产之上的衍生品的价格函数 V，可以用鞅的表示

$$V_0 = E\left(\mathrm{e}^{-\int_0^T r(s)\,\mathrm{d}s} V_T\right) \tag{10.2}$$

来计算其价格。进而在利率为常数的情况下，对看涨、看跌期权，有

$$C(K,T;S) = E\left(e^{-rT}\max(S-K,0)\right) = e^{-rT}E\left(\max(S-K,0)\right)$$
$$P(K,T;S) = E\left(e^{-rT}\max(K-S,0)\right) = e^{-rT}E\left(\max(K-S,0)\right)$$

然后得到下面的著名公式：

$$C(K,T;S) = S\mathrm{N}(d_1) - e^{-rT}K\mathrm{N}(d_2)$$
$$P(K,T;S) = e^{-rT}K\mathrm{N}(-d_2) - S\mathrm{N}(-d_1)$$

其中，

$$d_1 = \frac{\ln\dfrac{S}{K} + rT + \dfrac{1}{2}\sigma^2 T}{\sigma\sqrt{T}} \tag{10.3}$$

$$d_2 = \frac{\ln\dfrac{S}{K} + rT - \dfrac{1}{2}\sigma^2 T}{\sigma\sqrt{T}} \tag{10.4}$$

在推导这些公式的时候，其实都隐含了一个假设，即使用银行存款

$$D(t) = \exp\left(\int_0^t r(s)\,\mathrm{d}s\right)$$

作为计价单位。然而，这样做的缺点是：利率常常不是确定的，更不用说是常数。在随机利率的情况下，这个看涨看跌期权公式并不是一直都正确的。在讨论股票衍生品情形下，仍然可以说利率的灵敏性是次要的，但是如果想要处理利率衍生品，就没有任何借口了。幸运的是，我们现在有很多其他的选择。实质上，根据资产定价基本定理，可以选择任何资产作为计价单位。

除了使用银行存款账户作为计价单位，还可以使用无息债券作为计价单位。到期时间为 T 的无息债券在时间 t 的价格记作

$$B(t,T) \quad \text{或} \quad B_t(T)$$

当利率是确定函数的时候，可以把无息债券价格表示为

$$B(t,T) = e^{-\int_t^T r(s)\,\mathrm{d}s}$$

当利率是随机的时候，可以把无息债券价格表示为

$$B(t,T) = E\left(e^{-\int_t^T r(s)\,ds}\right)$$

我们使用期望是因为短期利率是随机的。但无论如何，无息债券到期日的价值就是本金

$$B(T,T) = 1$$

请注意无息债券和银行存款之间的不同：银行存款在时间起点有价值 1，而无息债券在时间终点有价值 1。如果使用无息债券，我们有鞅测度 P，使得

$$\frac{V_0}{B(0,T)} = E_P\left(\frac{V_T}{B(T,T)}\right) = E_P(V_T) \tag{10.5}$$

相应地，我们有

$$V_0 = B(0,T)E_P(V_T) \tag{10.6}$$

如果把这个等式与式 (10.2) 进行比较，将会注意到我们在没有假定利率是确定的情况下从期望算子中成功地得到了贴现因子。这在利率是随机的情况下仍然成立。当然，必须强调，银行存款下的鞅测度一般与无息债券下的鞅测度不同。

用无息债券作为计价单位测度，也称为远期测度，因为在这个鞅测度下，由等式 (10.6)，有

$$S_0 = B(0,T)E_P(S_T)$$

于是

$$\frac{S_0}{B(0,T)} = E_P(S_T) \tag{10.7}$$

这表明在远期测度下，远期价格与未来股票市值的期望是一样的。回忆我们前面讲到的，远期价格不是简单的期望值，而应当是使套利不存在的一个唯一价格。现在我们看到，远期价格可以作为某种概率测度下的期望，那个测度就是远期测度。这个结果在理论上、计算上和应用中非常方便。现在我们只需直接模拟远期价格。我们把时间 t 时的远期价格表示为 F_t。因为等式 (10.7)，远期价格成为远期测度下的一个鞅。我们想模拟远期价格，就可以用随机微分方程

$$dF_t = \sigma F_t dW_t \tag{10.8}$$

其中，σ 为远期波动率。这个波动率一般与方程 (10.1) 中的波动率不同。考虑到远期的理论价格是股票价格除以无息债券价格，这个远期的波动率也是股票市值和无息债券的复合波动率，其中，无息债券的波动率是由和其相关的利率波动率衍生出的。如果假定远期波动率是已知的只依赖时间 t 的函数 $\sigma(t)$，我们有远期随机微分方程 (10.8) 的解：

$$F_t = e^{-\frac{1}{2}\int_t^T \sigma(s)^2 \, ds + \int_t^T \sigma(s) dW_s}$$

令

$$\sigma^2 = \frac{1}{T-t}\int_t^T \sigma^2(s)\, ds$$

则可以重新表示解：

$$F_t = F_0 e^{-\frac{1}{2}\sigma^2(T-t) + \sigma\sqrt{T-t}\,x}$$

这里 x 是个标准正态分布。由远期测度定价公式 (10.6)，有

$$\begin{aligned}
C(K,T;S) &= B(0,T)E(\max(S_T - K, 0)) \\
&= B(0,T)E(\max(F_T - K, 0)) \\
&= B(0,T)\frac{1}{\sqrt{2\pi}}\int_{F_T > K} F_0 e^{-\frac{1}{2}\sigma^2(T-t) + \sigma\sqrt{T-t}\,x} e^{-\frac{x^2}{2}} \, dx \\
&= B(0,T)F_0 N(d_1) - B(0,T)KN(d_2) \\
&= S_0 N(d_1) - B(0,T)KN(d_2)
\end{aligned}$$

其中，

$$d_1 = \frac{\ln\frac{F}{K} + \frac{1}{2}\sigma^2(T-t)}{\sigma\sqrt{(T-t)}} \tag{10.9}$$

$$d_2 = \frac{\ln\frac{F}{K} - \frac{1}{2}\sigma^2(T-t)}{\sigma\sqrt{(T-t)}} \tag{10.10}$$

$$\sigma = \sqrt{\frac{1}{T-t}\int_t^T \sigma^2(s)\, ds} \tag{10.11}$$

如前面几章中所讲，如果使用银行存款作为计价单位来给衍生品定价，为了复制衍生品，自融资投资组合需要包含股票和银行存款。结果就是：

无论我们什么时候需要借钱或是有多余的资金,都应该向银行借钱或者将剩余资金存入银行,因此借贷费用或利润将会是银行短期利率,例如银行提供的隔夜拆借利率。

然而,考虑使用远期测度去给期权定价的情况,当我们需要资金的时候,应该卖出到期时间为 T 的无息债券以筹集资金。当我们有多余资金的时候,应该买入到期时间为 T 的无息债券。举个例子,对于看涨期权的情形,我们知道:

$$C(K,T;S) = SN(d_1) - B(t,T)KN(d_2)$$

还有事实:

$$\frac{\partial C}{\partial S} = N(d_1)$$

这意味着,为了复制这个期权,我们应该始终购买 $N(d_1)$ 份股票,以债券的形式借入资金,卖出 $N(d_2)$ 份本金为 K 的债券。在这个复制策略下,我们一定会成功地复制出看涨期权的收益。我们不能再假设在银行存钱或借钱,因为银行的贴现利率不是确定的。如果使用以上的公式,也就是说使用了远期概率测度定价并计算 Delta,但是试图用银行短期利率来筹资或存钱,那么,我们无法成功复制或对冲看涨期权的收益。

10.2 债券看涨期权价格

最简单的非线性衍生品恐怕就是无息债券看涨期权。对于一个在 T 时刻最终到期的债券,在 t 时刻的价格应该是 $B(t,T)$。在 t 时刻有购买这个债券的权力称为看涨期权。这个看涨期权的执行价是 K。所以收益函数成为 $(B(t,T) - K)^+$。这个衍生品今天的价格是 $V(0)$。根据远期定价原理,以在 t 时刻到期的债券作为计价单位,应该有

$$V(0) = B(0,t)E\left(B(t,T) - K\right)^+$$

一旦确认了债券的远期符合随机过程,比如满足波动率 σ 的几何布朗运动

以后，价格就是

$$V(0) = B(0,t)\left(\frac{B(0,T)}{B(0,t)}N(d_1) - KN(d_2)\right)$$
$$= B(0,T)N(d_1) - B(0,t)N(d_2)$$

其中，

$$d_1 = \frac{\ln\left(\frac{B(0,T)}{KB(0,t)}\right) + \frac{1}{2}\sigma^2 t}{\sigma\sqrt{t}}$$

$$d_2 = \frac{\ln\left(\frac{B(0,T)}{KB(0,t)}\right) - \frac{1}{2}\sigma^2 t}{\sigma\sqrt{t}}$$

10.3 利率的顶和底

前面已经看到利率远期的收益函数是 $r-F$ 的形式。利率远期的收益可以是正的也可以是负的。如果只希望利率上涨带来正的收益，但是利率下跌不带来亏损，就可以构造类似看涨期权那样买入一个收益函数 $(r-K)^+$ 的产品。反之，如果希望利率下跌带来正的收益可以构造看跌期权那样买入一个收益函数为 $(K-r)^+$ 的产品，而这样的产品就是利率的顶和底。

为了清楚地描述利率顶和底的产品，需要清楚定义基准利率。基准利率通常为在时刻 T_1 观察到 (T_1,T_2) 时刻的 LIBOR，记为 $L(T_1,T_2)$，这里 T_2 一般是在 T_1 之后的三个月。跟利率远期一样，利率的顶的收益支付时间也是在时刻 T_2 点而不是在 T_1 点，除非折现到 T_1 点。假设有一个系列的时间节点

$$T_1, T_2, \cdots, T_n$$

每个时间节点 T_i 到 T_{i+1} 都可以定义一个 Caplet，那么这些 Caplet 之和就构成了一个 Cap。所以 Cap 的收益是一组 Caplet 之和。反过来，Floor 就是 Floorlet 之和。这些 Floorlet 的每个都是一个关于 LIBOR 的看跌期权。每个看跌期权都在时刻 T_2 进行结算。

因为利率的顶和底都是一系列 Caplet 和 Floorlet 的组合，所以我们需要针对单独的 Caplet 和 Floorlet 来定价。对于 Caplet 来说，其收益函数在 T_2

点为
$$\max(L(T_1,T_2)-K,0)$$
为了给这个收益函数定价，考虑用 $B(t,T_2)$ 作为单位计价证券。在这个单位计价证券下，有
$$V_0 = B(0,T_2)E(V_{T_2}) = E(\max(L(T_1,T_2)-K,0))$$
但是 $L(T_1,T_2)$ 的期望是由
$$E(L(T_1,T_2)) = E\left(\frac{B(T_1,T_1)-B(T_1,T_2)}{B(T_1,T_2)(T_2-T_1)}\right)$$
给出来的，所以在同样的计价单位下，有
$$E(L(T_1,T_2)|\mathscr{F}_t) = \frac{B(t,T_1)-B(t,T_2)}{B(t,T_2)(T_2-T_1)}$$
更加一般地，由于
$$L(t,T_1,T_2) = \frac{B(t,T_1)-B(t,T_2)}{B(t,T_2)(T_2-T_1)}$$
就应该是个鞅过程，所以可以假设
$$\mathrm{d}L(t,T_1,T_2) = \sigma L(t,T_1,T_2)\mathrm{d}W$$
这样 $L(t,T_1,T_2)$ 满足几何布朗运动
$$L(0,L_1,L_2) = L(0,T_1,T_2)\mathrm{e}^{-\frac{\sigma^2}{2}t+\sigma\sqrt{t}W_t}$$
所以一个 caplet 的定价公式成为
$$C_t = B(t,T_2)E(\max(L(T_1,T_2)-K,0))$$
$$= B(t,T_2)\big(L(t,T_1,T_2)N(d_1)-KN(d_2)\big)$$
其中，
$$d_1 = \frac{\ln\left(\dfrac{L(t,T_1,T_2)}{K}\right)+\dfrac{1}{2}\sigma^2(T_1-t)}{\sigma\sqrt{T_1-t}}$$
$$d_2 = \frac{\ln\left(\dfrac{L(t,T_1,T_2)}{K}\right)-\dfrac{1}{2}\sigma^2(T_1-t)}{\sigma\sqrt{T_1-t}}$$

在 Caplet 的定价公式里面，没有通常我们从 Black-Scholes 公式中看到的无风险利率那些参数。这里有两个可以解释的原因。第一，因为我们考察的对象本身就是远期利率，而不是一个独立于利率的随机过程。第二，因为短期利率也好，无风险利率也好，都已经隐含在利率远期中。

按照同样的办法可以得到 Floorlet 的定价公式。一个在 T_1 到 T_2 点、行权价是 K 的 Floorlet 的价格可以用下面的公式给出来

$$P_t = B(t,T_2)E\left(\max(K - L(T_1,T_2),0)\right)$$
$$= B(t,T_2)\left(KN(-d_2) - L(t,T_1,T_2)N(-d_1)\right)$$

其中 d_1, d_2 还是如上所定义。

10.4 利率掉期期权

利率掉期就是可以进入一个利率掉期的期权。今天的日期是 T_0，给出了一个执行利率 K 和日期

$$T_1, T_2, \cdots, T_n$$

利率掉期期权的收益函数是

$$V_{T_0} = \max(s(T_0,T_n) - K, 0)\left(B(T_0,T_1) + B(T_0,T_2) + \cdots + B(T_0,T_n)\right)$$

我们把

$$B(t,T_1) + B(t,T_2) + \cdots + B(t,T_n)$$

作为计价单位，就有

$$V_0 = \left(B(t,T_1) + B(t,T_2) + \cdots + B(t,T_n)\right)E\left(\max(s(T_0,T_n) - K, 0)\right)$$

其中 $s(T_0,T_n)$ 是在 T_0 观察到的利率掉期利率。这个利率本身可以通过

$$s(T_0,T_n) = \frac{1 - B(T_0,T_n)}{B(T_0,T_1) + B(T_0,T_2) + \cdots + B(T_0,T_n)}$$

得到。注意到这个利率本身也是以

$$B(t,T_1) + B(t,T_2) + \cdots + B(t,T_n)$$

作为计价单位的，所以记

$$s(t, T_0, T_n) = \frac{1 - B(t, T_n)}{B(t, T_1) + B(t, T_2) + \cdots + B(t, T_n)}$$

那么

$$\mathrm{d}s(t, T_0, T_n) = \sigma s(t, T_0, T_n)\mathrm{d}W$$

在这个假设下，有

$$V = \big(B(t, T_1) + B(t, T_2) + \cdots + B(t, T_n)\big)\big(s(t, T_0, T_n)N(d_1) - KN(d_2)\big)$$

其中，

$$d_1 = \frac{\ln\left(\dfrac{s(t, T_0, T_n)}{K}\right) + \dfrac{1}{2}\sigma^2(T_0 - t)}{\sigma\sqrt{T_0 - t}}$$

通过前面的介绍，我们看到恰当地使用计价单位，结合鞅测度，固定收益衍生品特别是利率衍生品的定价问题就得以在 Black-Scholes 的框架下解决了。根据不同问题，有的时候我们使用无息债券作为计价单位，有的时候使用年金作为计价单位。但是也要注意到，相应的鞅过程在不同计价单位下其实具有不同含义。比如，在给利率顶和底定价时候使用的假设是

$$\mathrm{d}L(t, T_1, T_2) = \sigma L(t, T_1, T_2)\mathrm{d}W$$

这里我们已经把 $B(t, T_2)$ 作为了计价单位。在不同的计价单位下 $L(t, T_1, T_2)$ 满足的方程应该是不同的。同样在利率掉期期权里面，使用的是

$$\mathrm{d}s(t, T_0, T_n) = \sigma s(t, T_0, T_n)\mathrm{d}W$$

这个假设也是在年金

$$B(t, T_1) + B(t, T_2) + \cdots + B(t, T_n)$$

作为计价单位下的方程。用无息债券 $B(t, T_n)$ 作为计价单位，其方程肯定就不一样了。计价单位的转换也会引起方程的转换。这个转换过程我们在《期权定价与交易》一书中曾经详细讲述过。

另一方面，虽然选择了计价单位，我们建立的鞅过程的随机微分方程，但是其关于波动率的假设仍然不现实。因为在现实市场的条件下，波动率

从来就不是常数。这样就有了波动率的偏态一说。而无论是从利率的顶、底还是从利率掉期期权的实际市场价格所隐含的波动率看，随着不同到期时间和不同的执行价格，对应的波动率是不同的。针对固定的到期时间，随着不同执行价变化的波动率就称为波动率曲线。

例如，针对利率掉期期权来说，每个期限结构（比如 1 年到期的 5 年利率掉期期权）都有一条波动率曲线。典型的波动率曲线具有所谓波动率偏态（图 10.1）或者波动率微笑（图 10.2）的形式。类似的波动率曲线在股票、商品和外汇市场都存在着。

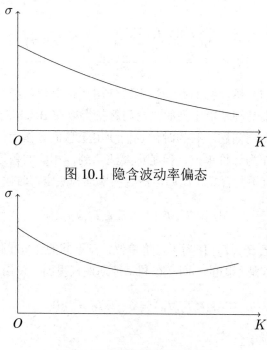

图 10.1 隐含波动率偏态

图 10.2 隐含波动率微笑

以行权价作为自变量，隐含波动率构成了一条曲线，通常被称为波动率偏态或波动率微笑。这个现象在证券衍生品市场、汇率衍生品市场和利率衍生品市场都存在。对于波动率形成这种曲线而不是常数的原因有很多解释。不同的解释可能在不同的市场上适用。

首先，期权定价用到的 Black-Scholes 方程推导过程中的假设过于理想化。几乎每一个我们曾作出来的假设：收益对数正态分布、连续的交易过程、常波动率等，在现实中都是不可能的。

其次，在大多数市场，如果我们严格地用有平值期权的隐含波动率来给深度虚值期权定价，其价格很小甚至几乎为零。但是，市场参与者当然不会免费卖出这些期权，而波动率微笑，特别是太高深度虚值的看跌期权的隐含波动率是在有缺陷的 Black-Scholes 模型的框架下使市场得到更高价格的间接办法。

最后，期权的价格是交易出来的，本质上取决于供给和需求。在证券市场，波动率偏态可以体现投资者对市场风暴的担忧，这种担忧将迫使他们买进大量的执行价格低于基础资产价格的看跌期权，而这种需求也提升了虚值看跌期权的价格。

总之，波动率偏态给金融模型带来了挑战。一个理想的模型应该能够消除所有的波动率偏态。以下几个标准模型试图解决这个问题：

- Merton 的跳跃扩散模型；
- 局部波动率模型；
- 随机波动率模型。

具体内容见孙健所著《期权定价与交易》一书。

11 利率衍生品的 BDT 模型

第 10 章介绍的基于鞅过程理论为利率衍生品定价的模型虽然结构严谨、公式表达简单，但是在很多复杂一点的利率衍生品上仍然无法应对。跟股票衍生品一样，我们需要考虑数值方法。

目前给利率衍生品定价的出发点是把瞬时短期利率看成带动整个利率市场的主要动力。在考虑数值方法时，也就是对瞬时短期利率建立模型。瞬时短期利率建立数值方法有两种：一种是树的模型；一种是蒙特卡洛模拟方法。本章讲述树的模型，第 12 章来讲述蒙特卡洛模拟方法。

11.1 短期利率

树模型的代表就是 BDT （Black Derman Toy）模型。在 BDT 模型下，短期利率 r_t 满足下面的方程

$$\mathrm{d}\ln r_t = a\mathrm{d}t + \sigma\mathrm{d}W_t$$

其中，W_t 是一个标准的布朗运动。因为如果没有函数 ln 的帮忙，仅仅是

$$\mathrm{d}r_t = a\mathrm{d}t + \sigma\mathrm{d}W_t$$

不能保证利率永远都是正的。加上了 ln 函数，我们看到短期利率的解是

$$r(t) = \mathrm{e}^{at+\sigma W_t}$$

其中，a, σ 是个常数。根据折现值和短期利率之间的关系应该有

$$p(t) = E\left(\mathrm{e}^{-\int_0^t r(s)\mathrm{d}s}\right)$$

但是 $r(s) = e^{at+\sigma W_t}$ 也是指数形式，所以上述的期望计算无法使用闭形式给出。另外，上面的表达式里面仅仅有两个参数 a 和 σ，无法把初始的折现值曲线 $p(t)$ 复现出来。不能够复现折现值的利率模型是无法使用的，因为就连简单的无息债券定价都不能给出的模型，更不可能用于给其他复杂的衍生品定价。为了让这个模型能够把初始的利率曲线复现出来，我们让漂移项成为一个依赖于时间的函数。

$$d\ln r_t = \theta(t)dt + \sigma dW_t$$

其中，$\theta(t)$ 是一个依赖于时间 t 的函数。这个方程的解，其实可以更为直观地表示出来

$$r_t = U(t)e^{\sigma W_t}$$

其中，函数 $U(t)$ 满足常微分方程

$$\frac{d(\ln U(t))}{dt} = \theta(t)$$

为了实现这个模型，我们需要使用一种二叉树的数值实现方法。这个方法最早是在股票期权定价上开始使用的。

11.2 随机游走

二叉树的最早原形是标准的随机游走。首先有一个随机变量

$$X = \begin{cases} 1, & p = \frac{1}{2} \\ -1, & q = \frac{1}{2} \end{cases}$$

其次，有一系列独立同分布的随机变量，他们是

$$X_1, X_2, \cdots, X_n$$

求部分和

$$S_n = X_1 + X_2 + \cdots + X_n$$

这个 S_n 称为财富过程，就是一个随机游走过程。为了描述随机游走的过程，用图 11.1 表示随着时间变换，可能得到所有可能的 S_n 的分布。随机游走概率空间中任何一个元素就成为沿着这个树从左向右走出的一条轨迹。

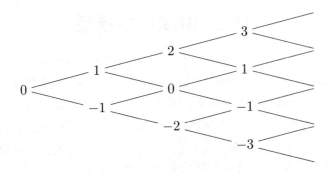

图 11.1 随机游走

随机游走可以在时间上伸缩,为此,在空间上也要进行伸缩。比如,时间不是标准的 1,而是一个时间 $\triangle t$。这个时候,随着时间,每次走一步或者是向上 $\sqrt{\triangle t}$ 或者是向下 $\sqrt{\triangle t}$。之所以这里带着根号,是因为保证方差按照时间线性增长。

如果还进一步规定变化一个固定的 σ 的量的话,就有图 11.2 的伸缩变化以后的随机游走。随机游走和对称随机游走也可以看成标准的布朗运动 W_t 和伸缩以后的布朗运动 σW_t 的离散形式。

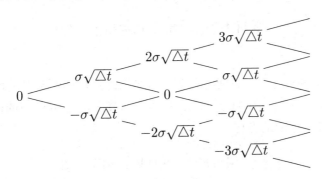

图 11.2 伸缩对称随机游走

11.3 BDT 树的模型

我们现在建立关于短期利率的一个树的模型。为此，选定一个时间区间，比如说区间的大小是 $\triangle t$。试图建立一个在这些时间节点上的短期利率。但是因为短期利率是个随机的过程，所以二叉树是可以近似实现这个过程的（图 11.3）。为了建立短期利率，还需要一个假设，那就是在一个时间节点 $n\triangle t$，下一个时刻的短期利率 $r((n+1)\triangle t)$ 的分布仅仅依赖当前时刻的利率 $r(n\triangle t)$。这样短期利率在时间向前迈进的同时，也会逐渐扩大取值范围，一般我们把在时间 $n\triangle t$ 的短期利率取值记为 $r(n,k)$，其中 $k=0,\cdots,n$。

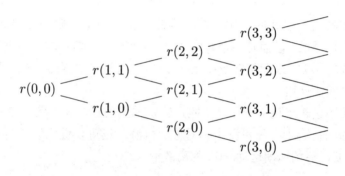

图 11.3 短期利率多个时间段二叉树

为了能够确定这些短期的利率，需要先确定短期利率的过程。常见的短期利率树的模型有 BDT 树和 BK 树等。本节只介绍 BDT 树的模型。假定短期利率满足下面的方程

$$\mathrm{d}\ln r(t) = \theta(t)\mathrm{d}t + \sigma \mathrm{d}W$$

方程的解当然不难，就是

$$r(t) = r(0)\mathrm{e}^{\int_0^t \theta(s)\mathrm{d}s + \sigma W_s} = U(t)\mathrm{e}^{\sigma W_t}$$

现在不去解这个方程，而是试图建立一个树的模型。考虑到对称随机游走和伸缩对称随机游走的树模型，有下面的 BDT 树的模型，见图 11.4。

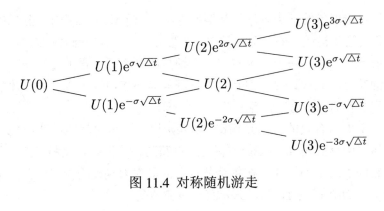

图 11.4 对称随机游走

一般来说，短期利率 r 在第 n 步上一共有 $n+1$ 个节点，他们记号分别是 $r(n,0), r(n,1), \cdots, r(n,n)$，而且满足马尔可夫条件，即 $r(n,k)$ 的分布仅仅依赖 $r(n-1,k)$ 和 $r(n-1,k-1)$，$r(n,0)$ 仅依赖 $r(n-1,0)$，$r(n,n)$ 仅依赖 $r(n-1,n-1)$，他们分别是

$$\begin{cases} r(n,n) &= U(n)\mathrm{e}^{n\sigma\sqrt{\Delta t}} \\ r(n,n-1) &= U(n)\mathrm{e}^{(n-2)\sigma\sqrt{\Delta t}} \\ &\vdots \\ r(n,0) &= U(n)\mathrm{e}^{-n\sigma\sqrt{\Delta t}} \end{cases}$$

至此，短期利率的 BDT 树就造好了。但是如何计算这些 $U(n)$ 参数还并不知道。如果这个参数可以随意选取，那 BDT 树模型就太过随意，而没法使用到定价中。为了让一个衍生品模型可以在实际定价中使用，最低的一个要求就是能够还原市场产品的价格。确定参数还原市场价格是我们下一节的目标。

11.4 BDT 模型参数校准

首先，我们应该知道用什么来校准参数 $U(n)$。在一个树的模型下面，有各个到期时间的折现值（无息债券价格）。校准参数的目标就是使得在这个 BDT 树下计算出来的折现值和市场上观察到的折现值一致。

计算折现值的一个方法就是倒推方法。为了计算在时刻 n 到期的折现值，我们需要构造另外一个二叉树，在第 n 步上所有节点替换为 1。然后从后往前倒推回来，每一步倒置向前，都按照利率折现再加权平均，直至最前面的节点，完成计算。但是这个过程就需要建造许多二叉树，才能够计算得到所有的折现值，计算麻烦，效率低下。

一个更为有效的方法是构造 Debrew 树。这个树就能够让我们一次性完成计算所有折现值。Debrew 树还可以帮助计算很多其他利率衍生品的价值。它的本质是为了计算在每个节点上的概率为权重的折现值。这个树的第一个点 $D(0,0) = 1$，接下来，第一步应该是

$$D(1,1) = \frac{\frac{1}{2}}{1+r(0,0)\triangle t}$$

$$D(1,0) = \frac{\frac{1}{2}}{1+r(0,0)\triangle t}$$

在一般情况下，使用递推公式

$$\begin{cases} D(n,n) = \dfrac{\frac{1}{2}\cdot D(n-1,n-1)}{1+r(n-1,n-1)\triangle t} \\ D(n,j) = \dfrac{\frac{1}{2}\cdot D(n-1,j-1)}{1+r(n-1,j-1)\triangle t} + \dfrac{\frac{1}{2}\cdot D(n-1,j)}{1+r(n-1,j)\triangle t} \\ D(n,0) = \dfrac{\frac{1}{2}\cdot D(n-1,0)}{1+r(n-1,0)\triangle t} \end{cases}$$

这样所有对应在第 n 步的 Debrew 树上的折现值之和就构成了在 BDT 树下的折现值。最后，根据 BDT 树就给出来所有的时间点上的折现值。但是这些折现值对比市场上的折现值

$$\sum_{j=0}^{n} D(n,j) = p(n)$$

就可以用来确认 $U(1), U(2), \cdots, U(n)$，在得到完整的 BDT 树的同时也就得到相应的 Debrew 树，见图 11.5。

在 BDT 树中所有的 $U(i)$ 可以得到校准了。但是波动率还没有得到校准。现在来看波动率如何校准。首先 Debrew 树可以帮助计算很多利率衍生品的价格。比如，有个利率衍生品，衍生品的收益是在时间 T 节点上有

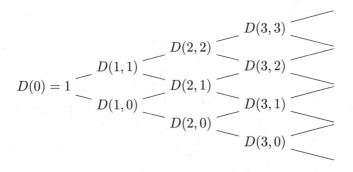

图 11.5 短期利率的 Debrew 树

收益
$$V(T) = f(r(T))$$
假定这个时间对应在 BDT 树上面的第 n 个节点，衍生品今天的收益就应该是
$$V(0) = \sum_{i=0}^{n} D(n,i) f(r(i))$$

我们用一个实例说明。比如，定义时间差 $\triangle t = 1/4$，就是说每三个月一步来构造利率树。利率 $r(i,j)$ 就代表在时间 $i\triangle t$ 上实现的从时间 $i\triangle t$ 到 $(i+1)\triangle t$ 的三个月的 LIBOR。固定一个波动率 σ 以后就有整个的树。调整时间函数 $U(t)$ 以后，使得树的折现值等于市场上的折现值，完成了校准工作。

对于一个利率的顶，比如一个在时间 $i\triangle t$ 到期的跨越 $(i+1)\triangle t$ 的短期利率看涨期权，行权价在 K 的定价就可以计算成为

$$\sum_{j=0}^{i} D(i,j) \frac{(r(i,j) - K)^+}{1 + r(i,j)\triangle t} \triangle t$$

我们还可以检验这个利率顶的定价是如何依赖于使用的波动率 σ 的。一般来说 σ 越大，利率顶的定价就越大。这个现象跟看涨期权的原理一样。

为了能够让 BDT 模型可以校准到利率的顶和底的价格，我们还需要继续让 BDT 模型更加灵活。在原始的 BDT 结构中 σ 还是个不依赖于时间的常数，现在也应该让其依赖于时间，从而有下面的树型结构（图 11.6）。

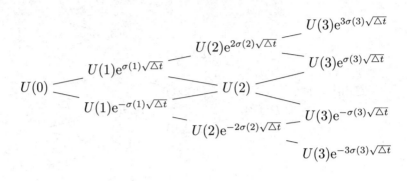

图 11.6 BDT 树型利率模型

在这个模型中，两组参数 $U(i), \sigma(i)$ 都需要得到拟合。而拟合的产品分别就是利率曲线和利率顶和底的价格。拟合的方法无非是优化法，具体执行可以是迭代或者是整体优化，通常这些方法殊途同归。

本章讲述的 BDT 树是最简单的实现短期利率随机过程的利率。这个树曾经广泛地被使用在利率衍生品的定价和风险计算中。模型 BDT 树还可以解决很多其他的衍生品问题。比如，无息债券的看涨期权问题、带利息债券的看涨期权问题、利率掉期的期权问题等。当然它也有缺陷，比如节点太少从而缺乏连续性。所以我们还要考虑更多的利率模型。

12 短期利率模型

前面介绍了第一个短期利率模型 BDT 树的模型。这个模型基于的随机微分方程是

$$\mathrm{d}\ln r(t) = \theta(t)\mathrm{d}t + \sigma \mathrm{d}W_t$$

其中依赖时间的函数 $\theta(t)$ 是确定的，而且可以用来对于初始的利率曲线进行拟合。

本章的主要目的是建立另外一个短期利率模型 Hull-White 模型。这个模型具有两个特点：第一，模型下的短期利率具备中值回归的特点；第二，模型下的短期利率有闭形式的解析表达。基于此，这个模型很有影响力，也经常被使用。但是 Hull-White 模型也有缺点，那就是在它的随机过程下，利率可以为负的。但是考虑到当下世界很多国家的利率已经成为负的了，所以这个曾经被诟病的缺点可能已经变成优点了。

12.1 简单模型

我们的目标是建立短期利率和长期利率之间的关系。一个非常简单的模型往往具有启发意义。我们可以假设

$$\mathrm{d}r_t = at + \sigma \mathrm{d}W_t$$

这样一来，我们有 $r_t = r_0 + at + \sigma W_t$。从而可以计算其积分

$$\int_0^T r_t \mathrm{d}t = r_0 T + \frac{1}{2}aT^2 + \sigma \int_0^T W_t \mathrm{d}t$$

所以如果令
$$X = \int_0^T r_t \mathrm{d}t$$
那么可以计算出来
$$E(X) = r_0 T + \frac{1}{2}aT^2, \quad \mathrm{Var}(X) = \frac{1}{3}\sigma^2 T^3$$
从而
$$E\left(\mathrm{e}^{-\int_0^T r_t \mathrm{d}t}\right) = \mathrm{e}^{-r_0 T - \frac{1}{2}aT^2 + \frac{1}{6}\sigma^2 T^3}$$
从这个简单模型上看，即期收益率将成为
$$f_T = \frac{-\ln B(0,T)}{T} = r_0 + \frac{1}{2}aT - \frac{1}{6}\sigma^2 T^2$$

然而这正是我们在 8.2 节用 Black-Scholes 方程推导过的公式，在这里我们又使用了 Itô 积分的办法重新进行推导。这个模型虽然太过简单，而且利率甚至是可以变化为负的，但是这个过程告诉我们从利率过程到折现值过程之间的关系。

12.2 单因子 Vasicek 模型

现在我们给出来更贴近现实一点的模型。假设三个常数 k, θ, σ。为此有随机微分方程
$$\mathrm{d}r(t) = k(\theta - r(t))\mathrm{d}t + \sigma \mathrm{d}W_t$$
现在来求解这个微分方程。首先两端同时乘以 e^{kt} 项，整理得到
$$\mathrm{e}^{kt}\mathrm{d}r(t) + \mathrm{e}^{kt}kr(t)\mathrm{d}t = \mathrm{e}^{kt}k\theta \mathrm{d}t + \mathrm{e}^{kt}\sigma \mathrm{d}W_t$$
左端可以化成为
$$\mathrm{d}\left(\mathrm{e}^{kt}r(t)\right) = \mathrm{e}^{kt}k\theta \mathrm{d}t + \mathrm{e}^{kt}\sigma \mathrm{d}W_t$$
经过积分可以得到
$$r(t) = r(s)\mathrm{e}^{-k(t-s)} + \theta\left(1 - \mathrm{e}^{-k(t-s)}\right) + \sigma \int_s^t \mathrm{e}^{-k(t-u)}\mathrm{d}W_u$$

再两端求期望得到

$$E(r(t)|\mathscr{F}_s) = r(s)\mathrm{e}^{-k(t-s)} + \theta\left(1 - \mathrm{e}^{-k(t-s)}\right)$$

同时根据 Itô 积分的理论，有

$$V(r(t)|\mathscr{F}_s) = \frac{\sigma^2}{2k}\left(1 - \mathrm{e}^{-2k(t-s)}\right)$$

注意到，当 $t \to \infty$ 时，有

$$E(r(t)) \to \theta, \quad V(r(t)) \to \frac{\sigma^2}{2k}$$

所以在这里，θ 的含义就是利率期望要回归到的中值。在这个利率模型下，来求解无息债券的价格也就是折现值

$$p(t,T) = E\left(\mathrm{e}^{-\int_t^T r(s)\mathrm{d}s}\right)$$

为此，对于一个正态分布 X，一般都有

$$E(\mathrm{e}^X) = \mathrm{e}^{E(X) + \frac{1}{2}V(X)}$$

为了计算折现值作为短期利率积分的折现均值，还需要计算

$$E\left(-\int_t^T r(s)\mathrm{d}s\right), \quad V\left(-\int_t^T r(s)\mathrm{d}s\right)$$

为此，注意到积分和求期望可以交换，就只要求积分就可以。最后得到

$$p(t,T) = A(t,T)\mathrm{e}^{-C(t,T)r(t)}$$

这里，

$$A(t,T) = \mathrm{e}^{(\theta - \frac{\sigma^2}{2k^2})(C(t,T) - T + t) - \frac{\sigma^2}{4k}C(t,T)^2}$$

$$C(t,T) = \frac{1}{k}\left(1 - \mathrm{e}^{-k(T-t)}\right)$$

在任何时刻，给出了短期利率 $r(t)$ 就决定了所有未来的债券价格 $p(t,T)$，特别是 $p(0,t)$ 就都可以给出来了。这条初始的折现值曲线未必和实际的折现值曲线相同，所以这是 Vasicek 模型的缺点。我们希望用一个模型就能够把今天的折现值完全拟合一致，为此还需要进一步修改这个模型。这就是下一节我们介绍的 Hull-White 模型。

12.3 Hull-White 模型

为了解决初始折现值拟合的问题，Hull 和 White 在 1990 年前后提出了一个推广的 Vasicek 模型。这个模型的核心就是把在 Vasicek 模型中的常数 θ 写成为一个随着时间 t 变化的常数。Hull-White 模型的假设是这样的

$$\mathrm{d}r(t) = (\theta(t) - ar(t))\mathrm{d}t + \sigma \mathrm{d}W_t$$

我们的目的就是去研究解决这个模型下如何拟合初始的利率曲线，这里可以调整的参数是 σ, a，以及整个函数 $\theta(t)$。常数 a 显然和 r 的收敛速度相关，常数波动率 σ 代表了 r 的波动。这里的时间函数 $\theta(t)$ 是为用于拟合初始利率曲线使用的。为了简化推导，我们先来研究

$$\mathrm{d}x(t) = -ax(t)\mathrm{d}t + \sigma \mathrm{d}W_t \tag{12.1}$$

以后再把漂移项加到 $r(t)$ 中去。我们去解这个方程 (12.1)。

$$x(t) = \mathrm{e}^{-a(t-t_0)}x(t_0) + \sigma \int_{t_0}^{t} \mathrm{e}^{-a(t-s)}\mathrm{d}W_s$$

像以前一样，得到

$$E\big(x(t)|\mathcal{F}(t_0)\big) = \mathrm{e}^{-a(t-t_0)}x(t_0) \tag{12.2}$$

并且

$$V\big(x(t)|\mathcal{F}(t_0)\big) = \sigma^2 \int_{t_0}^{t} \mathrm{e}^{-2a(t-s)}\mathrm{d}s = \frac{\sigma^2}{2a}\big(1 - e^{-2a(t-t_0)}\big) \tag{12.3}$$

进一步积分

$$\int_{t}^{T} x(s)\mathrm{d}s = \frac{1 - \mathrm{e}^{-a(T-t)}}{a}x(t) + \frac{\sigma}{a}\int_{t}^{T} 1 - \mathrm{e}^{-a(T-s)}\mathrm{d}W_s$$

我们看到

$$E\left(\int_{t}^{T} x(s)\mathrm{d}s \Big| \mathcal{F}(t)\right) = \frac{1 - \mathrm{e}^{-a(T-t)}}{a}x(t)$$

和

$$V\left(\int_t^T x(s)\mathrm{d}s\Big|\mathcal{F}(t)\right) = \frac{\sigma^2}{a^2}\int_t^T \left(1 - 2\mathrm{e}^{-a(T-s)} + \mathrm{e}^{-2a(T-s)}\right)\mathrm{d}s$$
$$= \frac{\sigma^2}{a^2}(T - t - \frac{3}{2a} + \frac{2}{a}\mathrm{e}^{-a(T-t)} - \frac{1}{2a}\mathrm{e}^{-2a(T-t)})$$
$$= V(t,T)$$

为了拟合初始的折现值，现在加上漂移项 $\theta(t)$。假设

$$r(t) = x(t) + \theta(t)$$

这样折现值就成为

$$P(t,T) = E\left(\mathrm{e}^{-\int_t^T x(s)\mathrm{d}s}\Big|\mathcal{F}(t)\right)\mathrm{e}^{-\int_t^T \theta(s)\mathrm{d}s}$$
$$= \mathrm{e}^{-\int_t^T \theta(s)\mathrm{d}s - x(t)C(t,T) + \frac{1}{2}V(t,T)}$$

其中

$$C(t,T) = \frac{1 - \mathrm{e}^{-a(T-t)}}{a} \tag{12.4}$$

比较初始的利率曲线，

$$P^M(0,T) = \mathrm{e}^{-\int_0^T \theta(s)\mathrm{d}s + \frac{1}{2}V(0,T)}$$
$$P^M(0,t) = \mathrm{e}^{-\int_0^t \theta(s)\mathrm{d}s + \frac{1}{2}V(0,t)}$$

我们看到

$$\mathrm{e}^{-\int_t^T \theta(s)\mathrm{d}s} = \frac{P^M(0,T)}{P^M(0,t)}\mathrm{e}^{-\frac{1}{2}(V(0,T)-V(0,t))} \tag{12.5}$$

最后有

$$P(t,T) = \left(\frac{P^M(0,T)}{P^M(0,t)}\right)\exp\left(-x(t)C(t,T) + \frac{1}{2}(V(t,T) + V(0,t) - V(0,T))\right)$$

同时求导以后也有

$$\theta(t) = -\frac{1}{2}V'(0,t) + f(0,t)$$

这里 $f(0,t)$ 是利率的远期。虽然我们可以推导出来 $\theta(t)$ 的形式，但是并不总是需要，事实上，我们目标是折现值，所以在上面的表达式中，仅仅是 $\theta(t)$ 的积分形式就够了。

这个模型之所以比较流行，原因有两点。第一，这个随机过程模型试图抓住利率有均值回归的倾向。第二，完全可以复制出来初始折现值。但是使用这个模型给衍生品定价，我们不可能完全使用公式，所以要有实现的方法。为了实现 Hull-White 模型，我们不再使用树的模型，而是直接使用蒙特卡洛模拟。蒙特卡洛模拟的具体方法见下面一节。

12.4 Monte Carlo 模拟

蒙特卡洛模拟方法的英文称为 Monte Carlo 模拟。这个方法是在金融衍生品定价中被大量应用。为了讲清楚这个方法，先看一个例子。如果有个定义在 $[0,1]$ 上的连续函数 $f(x)$，我们希望数值计算定积分

$$\int_0^1 f(x)\,\mathrm{d}x$$

根据定义，当然可以把整个区间 $[0,1]$ 划分为

$$0 = t_0 < t_1 < \cdots < t_n = 1$$

从而使用求和

$$\int_0^1 f(x)\,\mathrm{d}x \sim \sum_{i=1}^n f(t_i)(t_i - t_{i-1})$$

来替代积分。另外，如果考虑 X 是一个在同样区间上的均匀分布的随机变量，那么根据期望的定义

$$E(f(X)) = \int_0^1 f(x)\,\mathrm{d}x$$

所以从大数定律角度上看，我们可以独立生成同样均匀分布的随机变量 $X_1, X_2, \cdots, X_n$，而使用

$$\int_0^1 f(x)\,\mathrm{d}x \sim \frac{f(X_1) + f(X_2) + \cdots + f(X_n)}{n}$$

来计算积分。所以我们看到另外一个积分的办法就是生成独立的随机数而求平均值。这个办法就是 Monte Carlo 方法。

Monte Carlo 方法的第一步就是产生随机数。所以我们简单讨论随机数的生成。所有的方法都起始于区间 (0,1) 上均匀分布随机数的生成。产生均匀分布的随机数或者伪随机数的方法是个非常有意思的课题，很多文献都讨论过。我们不再赘述，而假定这个可以实现。在 Excel 中，(0,1) 区间上均匀分布的随机数可以很容易地生成，只要键入函数 `rand()` 就可以了。

假设我们想产生离散随机变量 X，其概率密度函数为

$$P(X = x_i) = p_i, \quad \sum_{i=0}^{n} p_i = 1$$

为此，生成随机数 U，在 $(0,1)$ 区间上均匀分布，同时令

$$X = \begin{cases} x_0, & U < p_0, \\ x_1, & p_0 \leqslant U < p_0 + p_1, \\ \vdots & \\ x_n, & \sum_{i=0}^{n-1} p_i \leqslant U < 1 \end{cases}$$

因为对 $0 < a < b < 1$，$P(a \leqslant U < b) = b - a$，有

$$P(X = x_j) = P\left(\sum_{i=1}^{j-1} p_i \leqslant U < \sum_{i=1}^{j} p_i\right) = p_j$$

因此，X 具有所需的性质。

现在如果希望生成一个任意分布的连续随机变量，可以借助下列定理。

定理 12.1 令 U 为 $(0,1)$ 上均匀分布的随机变量。对任何连续递增的、取值在 $(0,1)$ 的函数 F，定义随机变量 X 为

$$X = F^{-1}(U)$$

那么 X 的分布函数为 F。

证明：令 F_X 表示 $X = F^{-1}(U)$ 的分布函数。那么

$$F_X(x) = P(X \leqslant x)$$
$$= P(F^{-1}(U) \leqslant x) \tag{12.6}$$

既然 F 是 x 的单调递增函数，因此不等式 $a \leqslant b$ 就等价于不等式

$$F(a) \leqslant F(b)$$

因而，由式 (12.6)，有

$$F_X(x) = P(F(F^{-1}(U)) \leqslant F(x))$$
$$= P(U \leqslant F(x))$$
$$= F(x)$$

这就表明 X 的分布函数为 F。 证毕

为了产生正态分布随机数，根据以上定理，需要计算正态分布的反函数。然而，Excel 已经为此专门建立起了函数 `normsinv(x)`。由以上的定理，可以利用函数

```
normsinv(rand())
```

来生成标准正态分布随机变量。

另一个著名的方法是 Box-Müller 变换。令 X 和 Y 为独立的单位正态分布随机变量，令 R 和 θ 表示向量 (X,Y) 的极坐标。即

$$R^2 = X^2 + Y^2, \quad \tan\theta = \frac{Y}{X}$$

因为 X 和 Y 是独立的，它们的联合密度就是各自密度的乘积，即

$$f(x,y) = \frac{1}{\sqrt{2\pi}}e^{-\frac{x^2}{2}} \cdot \frac{1}{\sqrt{2\pi}}e^{-\frac{y^2}{2}}$$
$$= \frac{1}{2\pi}e^{-(x^2+y^2)/2}$$

用 $f(d,\theta)$ 来记 R^2 和 θ 的联合密度。对变量作逆变换

$$x = \sqrt{d}\cos\theta, \quad y = \sqrt{d}\sin\theta$$

由于此变换的雅可比行列式值（Jacobian）为 1/2，所以 R^2 和 θ 的联合密度为

$$f(d,\theta) = \frac{1}{4\pi} e^{-d/2}, \quad 0 < d < \infty, 0 < \theta < 2\pi$$

然而，由于这个分布函数等于均值为 2 的指数分布密度与 $(0, 2\pi)$ 上的均匀分布密度的乘积，所以知道 R^2 和 θ 独立，且 R^2 服从均值为 2 的指数分布，θ 服从 $(0, 2\pi)$ 上的均匀分布。通过这个观察，为了生成一对独立的标准正态分布的随机变量 X 和 Y，可以先产生均值为 2 的指数分布和 $(0, 2\pi)$ 上的均匀分布，定义成极坐标，再变换回直角坐标。如下所示：

（1）首先产生 $(0, 1)$ 区间上均匀分布的随机数 U_1 和 U_2。
（2）令 $R^2 = -2\ln U_1$ 和 $\theta = 2\pi U_2$。
（3）令

$$X = R\cos\theta = \sqrt{-2\ln U_1}\cos(2\pi U_2)$$
$$X = R\sin\theta = \sqrt{-2\ln U_1}\sin(2\pi U_2)$$

这对 X, Y 就应该满足正态分布，且被称为 Box-Müller 变换，它可以很容易地在 Excel VBA 上实现。

独立的正态分布随机变量可以用以上的方法依次生成。相关的正态分布随机变量也很容易生成。比如需要生成两个正态分布，其相关系数为 a，那么先生成两个独立的正态分布 X, Y，而令

$$Z = aX + \sqrt{1-a^2}\,Y$$

那么 (X, Z) 就是具有相关系数的正态分布。多元的相关正态分布产生也不是很难。假设我们的任务是生成一个相关随机变量组成的向量

$$(X_1, X_2, \ldots, X_n)$$

其期望都是零，协方差矩阵为

$$\boldsymbol{\Sigma} = \begin{pmatrix} c_{11} & c_{12} & \cdots & c_{1n} \\ c_{21} & c_{22} & \cdots & c_{2n} \\ \vdots & \vdots & \ddots & \vdots \\ c_{n1} & c_{n2} & \cdots & c_{nn} \end{pmatrix}$$

我们应用下面的定理。

定理 12.2 令 $Z_1, Z_2, \cdots, Z_n$ 是一系列独立的服从标准正态分布的随机变量。若 $X_1, X_2, \cdots, X_n$ 由下列变换给出：

$$X_1 = a_{11}Z_1 + a_{12}Z_2 + \cdots + a_{1n}Z_n$$
$$X_2 = a_{21}Z_1 + a_{22}Z_2 + \cdots + a_{2n}Z_n$$
$$\vdots$$
$$X_n = a_{n1}Z_1 + a_{n2}Z_2 + \cdots + a_{nn}Z_n$$

其中，所有 a_{ij} 均为常数。那么 $X_1, X_2, \ldots, X_n$ 是期望为零的随机变量，且协方差矩阵为

$$\boldsymbol{\Sigma} = \boldsymbol{A}\boldsymbol{A}^{\mathrm{T}}$$

其中，矩阵 $\boldsymbol{A}$ 为

$$\boldsymbol{A} = \begin{pmatrix} a_{11} & a_{12} & \cdots & a_{1n} \\ a_{21} & a_{22} & \cdots & a_{2n} \\ \vdots & \vdots & \ddots & \vdots \\ a_{n1} & a_{n2} & \cdots & a_{nn} \end{pmatrix}$$

证明： 这是任何概率课程中都会讲到的定理。但为了证明的完整，我们还是先复习一下相关内容。

$$\mathrm{Cov}(X_i, X_j) = \sum_{k,l} \mathrm{Cov}(a_{ik}Z_k, a_{jl}Z_l)$$
$$= \sum_{k,l} a_{ik}a_{jl}\mathrm{Cov}(Z_k, Z_l)$$
$$= \sum_{k=1}^{n} a_{ik}a_{jk}$$

剩下的工作就是用矩阵表示出来。 证毕

反过来，如果给定协方差矩阵 $\boldsymbol{\Sigma}$，就应该能找到矩阵 $\boldsymbol{A}$ 使得

$$\boldsymbol{A}\boldsymbol{A}^{\mathrm{T}} = \boldsymbol{\Sigma}$$

如果这样，生成相关的正态分布随机变量就同独立的情形一样简单。由线性代数知，对于对称的半正定的矩阵 $\boldsymbol{\Sigma}$，这种分解 $\boldsymbol{\Sigma} = \boldsymbol{A}\boldsymbol{A}^{\mathrm{T}}$ 总是可能的。实际中，通过化简双线性形式，我们有矩阵 $\boldsymbol{B}$ 使得

$$\boldsymbol{B}\boldsymbol{\Sigma}\boldsymbol{B}^{\mathrm{T}} = \begin{pmatrix} \lambda_1 & 0 & \cdots & 0 \\ 0 & \lambda_2 & \cdots & 0 \\ \vdots & \vdots & \ddots & \vdots \\ 0 & 0 & \cdots & \lambda_n \end{pmatrix}$$

这里 $\lambda_i \geqslant 0$。因此令

$$\boldsymbol{A} = \boldsymbol{B}^{-1} \begin{pmatrix} \sqrt{\lambda_1} & 0 & \cdots & 0 \\ 0 & \sqrt{\lambda_2} & \cdots & 0 \\ \vdots & \vdots & \ddots & \vdots \\ 0 & 0 & \cdots & \sqrt{\lambda_n} \end{pmatrix}$$

将得到矩阵 $\boldsymbol{A}$。我们在理论上解决了问题，然而，在实际数值计算中，寻找矩阵 $\boldsymbol{A}$ 并不容易。对完全正定矩阵 $\boldsymbol{\Sigma}$ 有下列的 Cholesky 分解。

定理 12.3 对完全正定矩阵 $\boldsymbol{\Sigma}$，有上三角矩阵 $\boldsymbol{A}$ 使得 $\boldsymbol{A}\boldsymbol{A}^{\mathrm{T}} = \boldsymbol{\Sigma}$。这个矩阵 $\boldsymbol{A}$ 的元素称为 Cholesky 因子。

Monte Carlo 方法很容易被应用于数值积分计算。如果 $f(x)$ 是个连续函数，为了计算积分

$$\int_a^b f(x)\,\mathrm{d}x$$

可以不断地生成在 (a,b) 区间均匀分布的随机变量 x，计算 $f(x)$ 的值，然后求平均即可。如果要计算积分

$$\int_a^b f(x)g(x)\,\mathrm{d}x$$

其中，$g(x)\,\mathrm{d}x$ 是某个概率的测度。为了计算此积分，应该不断地生成满足以 $g(x)$ 为分布的随机变量 x，计算 $f(x)$ 的值，再求平均即可。

把 Monte Carlo 方法应用于衍生品定价问题时，多数时间需要在特定区间上生成资产价格。为了计算依赖股价的衍生品的价格，需要在风险中性

的概率测度下计算衍生品收益函数的期望值，也就是积分

$$\int_0^\infty f(S)\,p(S)\,\mathrm{d}S$$

其中，$p(S)$ 是 S 在到期日的分布函数。为了计算这个积分，可以不断地生成满足以 $p(x)$ 为分布的随机变量 S，然后计算衍生品收益函数 $f(S)$，再计算平均即可。但首先我们需要知道资产所遵循的随机过程。例如，如果股票满足的方程为

$$\mathrm{d}S = rS\mathrm{d}t + \sigma S\mathrm{d}W$$

可以解出时间 t 的股票价格

$$S_t = S_0 \mathrm{e}^{(r-\frac{1}{2}\sigma^2)t + \sigma W_t}$$

模拟 S_t 就如同模拟 W_t。然而，W_t 的分布是期望为零、标准差为 $\sqrt{t}$ 的正态分布。通过生成标准正态分布随机变量，可以很容易模拟它：产生满足标准正态分布的随机变量 x，然后令

$$S_t = S_0 \mathrm{e}^{(r-\frac{1}{2}\sigma^2)t + \sqrt{t}\sigma x}$$

这样，我们就产生了对数正态分布的股票价值。

计算与路径相关的未定权益时，我们要模拟整个路径，或在某组离散点上的资产变化。为了模拟整个路径，我们把总时间分为长度相等的小段，$0 = t_0 < t_1 < \cdots < t_n = T$，然后生成一系列的独立标准正态随机数 $x_1, x_2, \cdots, x_n$。令

$$W_0 = 0$$
$$W_1 = W_0 + x_1\sqrt{t_1}$$
$$W_2 = W_1 + x_2\sqrt{t_2 - t_1}$$
$$\vdots$$
$$W_n = W_{n-1} + x_n\sqrt{t_n - t_{n-1}}$$

结果令

$$S_0 = S_0$$
$$S_1 = S_0 \exp((r - \frac{1}{2}\sigma^2)t_1 + \sigma W_1)$$
$$\vdots$$
$$S_n = S_0 \exp((r - \frac{1}{2}\sigma^2)t_n + \sigma W_n)$$

这样，可以生成整条路径。对每一条路径，应计算出衍生品的收益，然后利用生成的路径折现求出时间零点的收益，最后对所有路径取平均。当生成足够长的路径时，由大数定理，平均数将收敛于期望。这个方法用到了以下性质：对 $s<t$，$W_t - W_s$ 独立于 W_s。

上面的办法虽然直截了当，但是计算上效率却不高。如果看到

$$(W_1, W_2, \cdots, W_n)$$

是相关的标准正态分布随机变量，且有

$$\mathrm{Cov}(W_s, W_t) = \min(s, t)$$

我们就可以直接运用 Cholesky 分解而一次性地产生 $W_1, W_2, \cdots, W_n$。这样做的效率往往很高，精确度也很好。

12.5　Hull-White 模型的实现

在已经熟悉了 Monte Carlo 方法以后，我们就可以开始实现数值 Hull-White 模型。在实现的过程中，还需要注意到一些细节问题，接下来我们一一介绍。

首先需要参数 σ 和 a。其次，从零点开始，以每年、每季度、每个月乃至每天为单位进行模拟。我们把整个需要模拟的时间划分为

$$0 = t_0 < t_1 < \cdots < t_n$$

其中还可以假设时间长度是均等的 $\triangle t$。在时间 t_k 上，需要生成 x_k。其中初始值 $x_0 = 0$。假设已经生成了 x_{k-1} 以后来生成 x_k。根据 x_k 满足的正态

分布，而且满足其均值为

$$E(x_k) = e^{-a\triangle t} x_{k-1}$$

方差为

$$V(x_k) = \frac{\sigma^2}{2a}(1 - e^{-2a\triangle t})$$

根据这个均值就可以生成随机变量 x_k 了。为了生成从 x_{k-1} 到 x_k 的银行账户以及折现值，还需要计算对于 $r(s)$ 的积分，也就是要计算

$$\int_{t_{k-1}}^{t_k} x_s \mathrm{d}s$$

考虑到

$$\int_t^T x(s)\mathrm{d}s = \frac{1-e^{-a(T-t)}}{a} x(t) + \frac{\sigma}{a} \int_t^T (1-e^{-a(T-s)})\mathrm{d}W_s$$

为此，需要生成下面一系列随机变量，他们之间并不是独立，而是应该有正确的相关系数

$$\int_0^{t_1} e^{-a(t_1-t)}\mathrm{d}W_t, \ W_{t_1}, \ \int_{t_1}^{t_2} e^{-a(t_2-t)}\mathrm{d}W_t, \ W_{t_2}, \ \cdots$$

当生成了上面的随机变量以后，就有

$$x_k = e^{-a\triangle t} x_{k-1} + \int_{t_{k-1}}^{t_k} e^{-a(t_k-t)}\mathrm{d}W_t$$

同时还有

$$\int_{t_{k-1}}^{t_k} x(s)\mathrm{d}s = \frac{1-e^{-a\triangle t}}{a} x_{k-1} + \frac{\sigma}{a} \int_{t_{k-1}}^{t_k} (1-e^{-a(t_k-t)})\mathrm{d}W_t$$

$$= \frac{1-e^{-a\triangle t}}{a} x_{k-1} + \frac{\sigma}{a}(W_{t_k} - W_{tt_{k-1}}) - \frac{\sigma}{a} \int_{t_{k-1}}^{t_k} e^{-a(t_k-t)}\mathrm{d}W_t$$

从而这段时间的折现值就成为

$$P(t_{k-1}, t_k) = e^{-\int_{t_{k-1}}^{t_k} x(t)\mathrm{d}t} \frac{P^M(0, t_k)}{P^M(0, t_{k-1})} e^{-\frac{1}{2}(V(0,t_k) - V(0,t_{k-1}))}$$

现在的问题就是如何产生上面的随机变量同时保持他们之间应该有的相关系数。一方面，W_{t_i} 和 $\int_{t_i}^{t_{i+1}} \mathrm{e}^{-a(T-s)} \mathrm{d}W_s$ 是相互独立的；另一方面，W_{t_i} 和 $\int_{t_{i-1}}^{t_i} \mathrm{e}^{-a(T-s)} \mathrm{d}W_s$ 却不独立，有相关系数，所以需要具体计算。为此计算下面的期望

$$E\left(\int_{t_{k-1}}^{t_k} \mathrm{e}^{-a(t_k-s)} \mathrm{d}W_s, W_{t_k} - W_{t_{k-1}}\right)$$

$$=E\left(\int_{t_{k-1}}^{t_k} \mathrm{e}^{-a(t_k-s)} \mathrm{d}W_s, \int_{t_{k-1}}^{t_k} \mathrm{d}W_s\right)$$

$$=\int_{t_{k-1}}^{t_k} \mathrm{e}^{-a(t_k-s)} \mathrm{d}s$$

$$=\frac{1}{a}\left(1 - \mathrm{e}^{-a(t_k-t_{k-1})}\right)$$

有了这些折现值，理论上就可以计算很多衍生品的价格，比如利率掉期期权和债券期权等在第 t_n 点的收益函数。这些收益函数再需要用银行账户的价格来折现。银行账户的价格由

$$D_n = P(0,t_1)^{-1} P(t_1,t_2)^{-1} \cdots P(t_{n-1},t_n)^{-1}$$

给出来。折现以后的价格在 **Monte Carlo** 多次模拟下可以计算出价格。本质上讲，我们是在风险中性测度下进行的模拟。

13 凸性调整模型

前面的模型无论是 Black-Scholes 模型或者随机利率模型，都比较复杂。有的时候，简单的凸性调整也可以解决很多问题。我们这里将要讲述的模型是在线性模型基础上做一些微小的调整从而得到更精确的定价。这个调整是基于凸函数的二次导数性质，因此称为凸性调整。

一般来讲，有两种方法进行凸性调整，第一种方法使用的是泰勒展开，第二种方法使用的是鞅过程的概念。我们接下来分别加以叙述。我们先来叙述理论部分，然后再看具体使用的例子。

13.1 一般泰勒展开

这一节我们讲述泰勒展开的方法。这里分成函数和反函数的泰勒两种方法来展开。当有随机变量 X 以及另外一个光滑函数 f，在一个值 X_0 的邻域里面，我们总是可以指定出来函数 f 的泰勒展开，从而得到一个近似表达

$$f(X) \approx f(X_0) + f'(X_0)(X - X_0) + \frac{f''(X_0)}{2}(X - X_0)^2 \qquad (13.1)$$

当我们有

$$E(X) = X_0$$

我们来求复合函数的随机变量 $f(X)$ 的期望。从逼近表示可以看到

$$E(f(X)) \approx f(X_0) + \frac{f''(X_0)}{2} E\left((X - X_0)^2\right) \qquad (13.2)$$

注意到

$$(X-X_0)^2 = X_0^2\left(\frac{X}{X_0}-1\right)^2$$

再来计算期望值就有

$$E(f(X)) \approx f(X_0) + \frac{f''(X_0)}{2}\sigma^2 X_0^2 \qquad (13.3)$$

这里 σ 是随机变量 X 变化率的标准差。

这是正面应用泰勒展开。现在我们看逆问题。如果知道 $f(X)$ 的期望，什么是 X 的期望呢？就是说有

$$E(f(X)) = f(X_0)$$

这里的 X_0 不再是变量 X 的期望，而是一个值使之满足上述等式。我们的目标是计算出来比较准确的 X 的期望值。同样使用表达式 (13.1)，有

$$E(X) \approx X_0 - \sigma^2\frac{f''(X_0)}{2f'(X_0)}X_0^2 \qquad (13.4)$$

这里就是反过来使用泰勒展开。显然这个期望值和 f 的性状有比较大的关联。在函数 f 的凸性比较强的时候，凸性的调整就比较大；在 f 的凸性不明显，甚至是线性函数的时候，就不需要多少凸性的调整。

13.2 鞅过程的方法

除了泰勒展开这个方法以外，还可以从随机过程角度出发来看。我们知道了两个连续的扩散的鞅过程，分别是 X_t, Y_t。他们满足的方程如下：

$$dX = \sigma_X X dW_1(t)$$
$$dY = \sigma_Y Y dW_2(t)$$

其中，σ_X, σ_Y 分别是 X, Y 的波动率，W_1, W_2 是两个不同的布朗运动，有相关系数

$$dW_1(t)dW_2(t) = \rho dt$$

因为是鞅过程，所以两个过程

$$E(X_T|\mathscr{F}_t) = X_t,\ E(Y_T|\mathscr{F}_t) = Y_t$$

但是关于 X, Y 的函数的期望不是那么显然了。使用 Itô 引理，就有

$$d(XY) = YdX + XdY + dXdY$$
$$= \rho\sigma_X\sigma_Y XY dt + \sigma_X XY dW_X(t) + \sigma_Y XY dW_Y(t)$$

或者等价地有

$$\frac{d(XY)}{XY} = \rho\sigma_X\sigma_Y dt + \sigma_X XY dW_X(t) + \sigma_Y dW_Y(t)$$

从中，我们看到 XY 的随机过程中有了漂移项 $\rho\sigma_X\sigma_Y dt$。把漂移项代入到 XY 的期望中就有

$$E(XY) \approx E(X)E(Y)e^{\rho\sigma_X\sigma_Y T} \qquad (13.5)$$

在给出来一个函数 f 时，我们也可以看到鞅过程理论的应用。对于随机过程 $f(X)$，使用 Itô 引理得到

$$df(X) = f'(X)dX + \frac{1}{2}f''(X)dXdX$$
$$= \frac{1}{2}f''(X)\sigma_X^2 X^2 dt + f'(X)\sigma_X X dW_1(t)$$

再求期望，得到

$$E(f(X)) \equiv E(f(X_0)) + \frac{f''(X_0)}{2}\sigma_X^2 X_0^2$$

就跟我们在上一节中使用泰勒展开得到的结果一致。

13.3 远期利率提前支付

我们现在使用前述方法来研究非标准化的远期利率结构产品。假设现在时间是零。假设 t_0 和 t_1 是两个未来时间。假定在 t 时间点观察到的时间段 (t_0, t_1) 的利率是 $f(t, t_0, t_1)$。现金流交换在时刻 t_1。我们来研究这个产品今天的价值。

为了回答这个问题，我们使用在时间点 t_1 到期的远期测度。那么在这个远期测度下，未来的利率的期望成为

$$k(0) = E_{t_1}(f(t_0, t_0, t_1))$$

使用无息债券已经在 t_0 时刻观察到的价值来表示，就有

$$f(t_0, t_0, t_1) = \frac{B(t_0, t_0) - B(t_0, t_1)}{(t_1 - t_0)B(t_0, t_1)}$$

注意到 $B(t, t_1)$ 是加价单位，使用鞅过程的性质，得到

$$\begin{aligned} k(0) &= E_{t_1}(f(t_0, t_0, t_1)) \\ &= E_{t_1}\left(\frac{B(t_0, t_0) - B(t_0, t_1)}{(t_1 - t_0)B(t_0, t_1)}\right) \\ &= \frac{B(0, t_0) - B(0, t_1)}{(t_1 - t_0)B(0, t_1)} \\ &= f(0, t_0, t_1) \end{aligned}$$

从而看到在时间点 t_1 到期的远期测度下，未来的利率的期望就是今天计算出来的远期测度。从这个推导也看到，远期利率可以被描述成一个对数正态分布。如果假定波动率由 σ 给出，有

$$\mathrm{d}f(t, t_0, t_1) = \sigma f(t, t_0, t_1) \mathrm{d}W(t) \tag{13.6}$$

标准的远期利率合约就是在 t_0 点结算，在 t_1 点支付，或者在 t_0 支付结算以后的从 t_0 到 t_1 的折现值。但是如果我们修改远期利率合约，把支付的时间改在时间点 t_0 而不是 t_1，在这个合约里面的固定利率该如何计算呢？我们在远期利率合约以及 BDT 树的一节反复提醒同学验证过，这样定义的新合约的合理利率和普通远期利率合约的远期利率是不同的。我们这里来推导这个新合约的合理利率。如果支付时间在 t_0，那么我们使用在时间 t_0 观察到的利率把支付时间推到 t_1，有

$$f(t_0, t_0, t_1)(1 + (t_1 - t_0)f(t_0, t_0, t_1))$$

借用方程 (13.6)，得到

$$\begin{aligned} &E_{t_1}\left(f(t_0, t_0, t_1)(1 + (t_1 - t_0)f(t_0, t_0, t_1))\right) \\ =& f(0, t_0, t_1) + f^2(0, t_0, t_1) e^{\sigma^2 t_0}(t_1 - t_0) \end{aligned}$$

从而最后的结果就是

$$k(0) = f(0, t_0, t_1) + f^2(0, t_0, t_1) e^{\sigma^2 t_0}(t_1 - t_0)$$

上面使用了鞅过程一节讲的凸性调整，现在我们来使用泰勒展开一节的方法重新做凸性调整。为此定义

$$g(f) = \frac{1}{1 + (t_1 - t_0)f}$$

从而对到期时间是 t_0 的远期测度来说

$$\begin{aligned}
&E_{t_0}\left(g(f(t_0, t_0, t_1))\right) \\
=&E_{t_0}(B(t_0, t_1)) \\
=&E_{t_0}\left(\frac{B(t_0, t_1)}{B(t_0, t_0)}\right) \\
=&\frac{B(0, t_1)}{B(0, t_0)} \\
=&\frac{1}{1 + (t_1 - t_0)f(0, t_0, t_1)}
\end{aligned}$$

根据这个结果以及公式 (13.1)，我们有

$$E_{t_0}(f(t_0, t_0, t_1)) \approx f(0, t_0, t_1) + \frac{\sigma^2 f^2(0, t_0, t_1)}{1 + (t_1 - t_0)f(0, t_0, t_1)}$$

我们得到最后的结果

$$k(0) \approx f(0, t_0, t_1) + \frac{\sigma^2 t_0^2 f^2(0, t_0, t_1)}{1 + (t_1 - t_0)f(0, t_0, t_1)}$$

上面使用的泰勒展开方法以及鞅过程的凸性调整方法都告诉我们，把支付日期提前到 t_0 时刻以后的新合约中的固定利率比起远期利率要高。这个调整在定价和交易上很重要。

13.4 常到期时间利率掉期

我们前面看到，利率衍生品通常会被设计成为一个掉期的形式，本质上就是现金流的互换。这些现金流里面包含浮动利率或者固定利率。浮动利率通常是跨越了一个未来的时间段比如 3 个月的 LIBOR，而支付通常在未来时间段的末尾。这个支付过程很自然，而且定价很容易，产品本身也

就是线性的。不在这个时间上支付的就不自然，而且从前面一节已经看到，会引入凸调整。

下面我来看一个特殊产品。在这个产品中，固定端还是一个固定利率，但是浮动端不再是 3 个月或者 1 年的 LIBOR，而是固定期限长度的利率掉期的利率，比如当时市场上的 5 年期的利率掉期利率。这样的产品称为常到期时间利率掉期（constant maturity interest rate swap）。我们在推导利率掉期利率的时候使用的是远期利率合约，把所有的浮动利率用远期利率替代。但是当浮动利率不可以被替代的时候，定价就变得不那么容易。我们需要使用凸性调整的方法计算。

下面推导常到期利率掉期产品的精确定价。我们假定当前时间是 T，其后利率掉期发生的时间点称为

$$T_1, T_2, \cdots, T_n$$

那么当然知道，利率掉期利率就可以由

$$s = \frac{1 - B(T, T_n)}{\sum_{i=1}^{n} B(T, T_i)}$$

计算。常到期时间利率掉期的固定端，就是应该在

$$E_T \left(\frac{1 - B(T, T_n)}{\sum_{i=1}^{n} B(T, T_i)} \right)$$

这里使用的测度是在时刻 T 到期的远期测度。然后表达量

$$\frac{1 - B(T, T_n)}{\sum_{i=1}^{n} B(T, T_i)}$$

并不是一个可以交易的资产，所以我们必须要使用凸性的调整。接下来，为了记号使用方便，令

$$X = 1 - B(T, T_n), Y = \sum_{i=1}^{n} B(T, T_i)$$

就可以使用 X 和 Y 来推导期望值

$$E_T \left(\frac{X}{Y} \right)$$

假定 X 和 Y 同时为鞅过程，满足

$$\mathrm{d}X = \sigma_X X \mathrm{d}W_1, \quad \mathrm{d}Y = \sigma_Y Y \mathrm{d}W_2$$

利用 Itô 引理进行微分，有

$$\begin{aligned}\mathrm{d}\left(\frac{X}{Y}\right) &= \frac{\mathrm{d}X}{Y} - \frac{X}{Y^2}\mathrm{d}Y - \frac{\mathrm{d}X\mathrm{d}Y}{Y^2} + \frac{\mathrm{d}Y\mathrm{d}Y}{Y^3} \\ &= \left(\frac{X}{Y}\right)\left(\sigma_X \mathrm{d}W_1 - \sigma_Y \mathrm{d}W_2 + (\sigma_Y^2 - \rho\sigma_X\sigma_Y)\mathrm{d}t\right)\end{aligned}$$

这里 ρ 是 $1 - B(T, T_n)$ 和 $\sum_{i=1}^n B(T, T_i)$ 的相关系数。容易看到这个相关系数一般来讲应该是负的，从而

$$E\left(\frac{X}{Y}\right) \geqslant \frac{X_0}{Y_0}$$

把原来的无息债券的价格代入，得到

$$E_T\left(\frac{1 - B(T, T_n)}{\sum_{i=1}^n B(T, T_i)}\right) \geqslant \frac{1 - B(0, T_n)}{\sum_{i=1}^n B(0, T_i)} \tag{13.7}$$

这就显示，合约的价值应该比远期价值要高。同时从这个推导看出，我们可以把常到期利率掉期价格写成

$$E_T\left(\frac{1 - B(T, T_n)}{\sum_{i=1}^n B(T, T_i)}\right) = \exp(-\sigma_X \sigma_Y \rho T)\frac{1 - B(0, T_n)}{\sum_{i=1}^n B(0, T_i)} \tag{13.8}$$

14 信用风险度量

前面几章的内容都集中在利率风险上，所涉及的产品也是利率债、利率衍生品等。从这章开始我们转向信用债和信用衍生品。影响信用产品债和信用衍生品的风险不仅有利率风险，还有信用风险。本章介绍信用债、信用风险及其基本定价模型和方法。

14.1 信用风险

信用风险其实是一个古老的概念。当人类有了经济活动以后，信用风险就产生了。要了解什么是信用风险，先要从什么是信用说起。当经济行为的一方，如某一个人或是某一家公司，把一定数量的资金以某种方式贷放给另一方并由此收取一定费用时，信用就产生了。从传统意义上说，给予和接受信用的可以是个人，也可以是公司，还可以是一国政府。在现代经济中，银行、其他形式的金融机构和各类公司是承载信用的主体。更确切地说，信用的给予方通常是银行和各种类型的金融机构。

信用工具的基本功能是为借款人筹措资金。通过信用工具，放款人把现金转移给借款人，同时承担随之而来的信用风险。为了补偿贷款人的风险以及获得金融服务，借款人要向贷款人支付一定的费用，利息就是这类费用的一个重要组成部分。现代经济中的信用工具有许多种形式，但最基本的是以下两种。

第一是贷款。贷款是信用的最简单、最基本的形式。贷款人如银行把一定数量的资金提供给借款人。借款人则同意在双方签订的贷款协议下，到期偿还贷款，并定期向贷款人支付预先确定的利息。贷款种类很多，包括周转信贷、定期信贷、银团贷款、抵押贷款、无抵押贷款和杠杆贷款等。贷款是信贷市场上的主要金融工具。

第二是债券。债券是发行人与投资人之间的一种金融契约。通过发行债券，发行人从投资人那里筹措到一定数量的资金，同时保证在到期日向投资人归还本金。为了补偿投资人的信用风险和流动性风险，发行人将按合约定期支付给投资人一定的息票率。贷款的发行人可以是公司，也可以是各级政府，还可以是金融机构本身。债券与贷款的最大区别是它的投资人来自整个资本市场，因此有较大的投资人基础和较高的流动性。债券有短期、中期和长期之分。商业票据和美国的 T-Bills 为短期债券，公司债券一般属于中期债券，市政债券和大部分政府债券往往是长期债券。

从投资人（贷款人）的角度来看，投资信用工具包含两个要素：一是将流动性转移给借债人（债券发行人），二是承担借款人（债券发行人）的信用风险。在传统的信用风险概念中，违约（default）是信用风险最基本的形式。当交易的一方将信用（如贷款），给予交易的另一方后，如后者不能按时偿还包括本金和利息在内的已承诺的债务，就构成了违约行为。从债权人的角度来说，信用风险意味着因交易对方违约而可能造成的经济损失。

在日益复杂的现代经济环境下，信用风险的定义和内容有了新的延伸。确定信用风险的内容和大小是现代信用衍生工具（如信用违约互换）所必须明确的前提。为此，我们必须首先搞清楚信用风险中既相互联系，又有区别的两个概念。

第一是债务（obligations）与债务人（obligors）的区别。债务是指债务发行人发行或借入的某项具体债务，而债务人是指发行债务的自然人或法人。同一债务人可能会发行条款、期限、金额等完全不同的债务。比如，同一债务人可能发行优先债券（senior debt），也可能发行次优先债券（junior debt）；可能发行有抵押的债务，也可能发行无抵押的债务；可能发行债券，也可能借入信贷；等等。这些出自同一债务人的不同债务，由于在资本结构中所占的位置不同，再加上有抵押和无抵押之分，它们的信用风险也会不同。

第二就是违约与违约事件（Events of Default）的区别。违约是债务人的拒付行为，违约事件则是有关金融交易的法律文件所明文规定的事件。

在金融交易中,一旦违约事件发生,无论是否涉及拒付行为,债权人都有权宣布该债务立即到期,而债务人则有责任立即偿付债务。因此,对于承担信用风险的投资人来说,金融交易中对违约事件的定义具有十分重要的实际意义。

一般信用违约的具体定义要看相关规定和 ISDA 文件。就信用违约互换等信用衍生品来说,ISDA 有关信用违约互换的标准文件(2003 版)对违约事件作出了明确的定义。具体包括以下几项。

(1)破产(bankruptcy):指公司按法律程序而进行的破产登记,包括无力偿还债务、清算人的指定以及债权人的安排等。

(2)拒付(failure to pay):指债务到期时债务人的拒付行为。

(3)重组(restructuring):指债务人与债权人对债务所涉及的法律文件的修改,包括利息或本金的减少、利息或本金的推迟支付等。

(4)政府债务拒付或延缓支付(repudiation / moratorium):外国政府对债务的拒付或延期支付。

(5)债务提前(obligation acceleration):因种种原因造成的债务人必须提前偿付债务。

应当说明,对于某一信用违约互换的卖方来说,以上任何一个适用违约事件发生,都意味着该投资人必须承担其信用风险。所谓适用违约事件,是指那些和信用违约互换下参考实体相适用的违约事件。比如,如果参考实体是某一公司,那么适用的违约事件就包括上述 ISDA 违约事件中的(1)、(2)、(3)和(5)四项。相反,如果参考实体为某一主权国政府,上述 ISDA 违约事件中的(2)、(3)、(4)和(5)就应当是适用违约事件。注意,由于主权国政府本身不存在破产的问题,因此,第(1)项违约事件应不在适用违约事件范围之内。

ISDA 的违约事件可能是互相包容的,也可能是相对独立的。比如,破产事件的发生通常意味着拒付和债务重组事件也随之发生。但债务重组事件的发生,可能并不伴随其他违约事件的发生。由此可见,违约风险实际是所有相关违约事件的集合。

14.2 违约风险

信用风险中的最主要风险是违约风险。长期的经验使人们开始对违约风险加以量化。为此，评级公司对各类经济实体的违约情况作了长期的跟踪，试图对违约的事件进行统计。比如，穆迪公司自 1920 年起就对美国公司的违约有了系统的记录。近年来，穆迪对违约的统计分析更是日渐完善。除穆迪之外，其他的评级公司，如美国的标准普尔公司和费驰公司也都对违约有自己的统计分析。此外，加拿大的 DBRS 等是近几年逐渐活跃的评级公司。据统计，美国的标准普尔公司和穆迪公司是世界上两家最大的评级公司，大约占有 70% 以上的市场份额。

最常见的违约事件的统计，是评级公司根据各个信用评级而统计公布的累计违约率。评级公司的一般做法是，根据各个经济实体如公司的管理团队、经营业绩、财务状况、竞争环境、产品优势等，对该经济实体的信用偿还能力做出综合评定。评定的结果会最终体现在信用评级上。各个评级公司有着自己的评级体系。例如，标准普尔公司用 AAA 代表最高信用级别，用 D 代表最低信用评级。AAA 的信用评级意味着该经济实体有着无可争辩的信用偿还能力，而 D 的信用评级则表明该经济实体已经发生了债务违约行为。目前，世界上只有极少数国家的政府、大银行和大型公司具有 AAA 的评级；另外，也只有为数不多的金融债券仍保持着 AAA 的评级。介于 AAA 和 D 之间的信用评级还有 AA，A，BBB，BB，B，CCC 等。此外，标准普尔公司还用"+"和"−"将信用评级进一步划分。比如，A+ 是介于 AA− 和 A 之间的评级。穆迪公司和费驰公司的信用级别划分基本上和标准普尔公司的方法类似。市场上习惯于将 BBB− 及其以上的信用评级统称为投资级（investment grade），而将 BBB− 以下的评级称为非投资级（non-investment grade）或高收益级（high yield grade）。

14.3 违约率

累计违约率一般是以年为时间单位，具有非下降的数量特征。比如，同一信用评级，累计违约率会随着时间的加长呈上升（非下降）状态。另一方面，一定的时间长度，信用评级越差，累计违约率就越高。表 14.1 是穆迪公司 1970—2006 年不同信用级别各个年限的平均累计违约率。例如，A 级三年累计违约率为 0.220%，而 Ba 级两年的累计违约率是 3.219%。读者可能已注意到，累计违约率随信用级别从投资级向非投资级过渡明显上升。

表 14.1 公司平均累计违约率 1970—2006（单位：%）

评级	一年	二年	三年	四年	五年
Aaa	0	0	0	0.026	0.099
Aa	0.008	0.019	0.042	0.106	0.177
A	0.021	0.095	0.220	0.344	0.472
Baa	0.181	0.506	0.930	1.434	1.938
Ba	1.205	3.219	5.568	7.958	10.215
B	5.236	11.296	17.043	22.054	26.794
Caa-C	19.476	30.494	39.717	46.904	52.622
投资级评级	0.069	0.205	0.396	0.620	0.848
非投资级评级	4.565	9.068	13.303	16.981	20.289
全部评级	1.482	2.934	4.275	5.420	6.414

资料来源：穆迪公司。

评级公司公布的违约率是各年的平均违约率。比如表 14.1 中的一年违约率是 1970—2006 年各个一年期违约率的加权平均值，其权重是各年的债务发行个数，但事实上违约率有着明显的周期特征。比如，从 20 世纪 70 年代起，美国市场上的违约率就经历了数次违约周期。统计表明，这些周期和经济周期并不一定同步，有时，经济周期本身并没有造成违约率的相应波动，但 20 世纪 90 年代以来的三次经济周期都伴随了违约周期的发生。特别是 2007 年以来发生的经济危机，很可能导致自 1929—1933 年大危机以来最严重的违约周期。据估计，2009 年非投资级的违约率有可能重复 1990—1991 年的违约双峰期时的高峰。图 14.1 显示了标准普尔公司非投资级一年违约率自 1985 年至 2009 年的变化。

信用公司常常将信用评级分为长期信用评级和短期信用评级。此外，评级公司除了对债务发行人进行评级外，还对债务本身进行评级。这是因为同一债务发行人的不同债务可能具有不同的信用风险特征。比如，某一债务发行人可能既发行长期债务，也发行短期债务；可能既有优先债务，

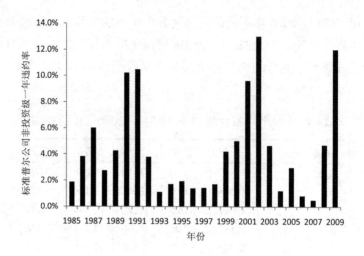

图 14.1 标准普尔公司非投资级一年违约率：1985 — 2009

也可能有后偿债务；或许有有抵押的债务，也或许有无抵押的债务。这些债务的不同特征，决定了它们的信用风险也不尽相同。由此看来，债务和债务人的信用评级不同也不足为怪了。

14.4 回收风险

违约本身只是信用风险的一部分。因为，债权人能得到多大回收价值（recoveries），同样决定着债权人最终损失的大小。回收率越大，债权人的损失就越小。另外，人们还用损失率（loss severity）来直接表达损失的大小。由于损失率是回收率的相反数，因此损失率越大，回收率就越小。如果用 EL 代表某一债务的预期损失率，那么，可以用下式表达该债务的预期损失率：

$$\mathrm{EL} = P \times (1-R) = P \times S \tag{14.1}$$

式中，EL 代表预期损失率；P 代表违约概率；R 代表回收率；S 代表损失率，且 $S = (1-R)$。

例 14.1　某债权人持有一百万美元由公司 A 发行的一年期的债券。假如公

司 A 一年的违约率为 1.5%, 回收率为 40%, 该债券一年的预期损失就是

$$EL = 1\,000\,000 \times 0.015 \times (1 - 0.4) = 9\,000$$

决定回收率的因素有很多，但主要有三个：一是债权人所持债务对资产要求的优先权（priority of claims）；二是债务是否带有抵押；三是债务人资产的市场价值。一般来说，在债务人资产变卖价值一定的情况下，具有优先权的债务比较低资产要求权的债务回收率为高，有抵押的债务要比无抵押的债务回收率高。

14.5 信用评级机构数据模型

前面已经讲到过评级公司在公司债券市场中的重要作用。美国有三个主要的信用评级机构，分别是标准普尔公司、穆迪公司和费驰公司。它们也都有自己的评级方法。评级公司的主要职责之一是为发行债券的公司定期做出信用评级。

对于发行债券的公司来讲，除去评级过程中的不确定性外，公司的信用评级会受到许多因素的影响，如经济波动、市场走向、公司的经营状况甚至政治格局等。信用评级公司每年把公司债券的信用变化用统计数据表示出来，就成为一个信用转移矩阵，也称为信用过渡矩阵。这个矩阵是一个统计的结果。用这些统计数据来建立公司信用转移的概率空间是本节的主要内容。我们的出发点是把公司在未来某一时刻的评级看成一个随机变量。

表 14.2 中的每个元素是作为一个统计的量出现的，特别是处于同一评级的公司被作为一个系列而不加以区分。评级机构也确实是根据历史的统计数据来编辑这个表格。但是统计的量在合适的概率空间里就可以被解读成为现实世界的概率。现在我们用概率的观点解读这个矩阵。对于一个 Aaa 的信用，在一年以后还会保持 Aaa 评级的概率是 91.37%, 而这个 Aaa 的信用被降级至 Aa 的概率是 7.59%；对于现在还是 Aa 的信用，一年以后被升级为 Aaa 的概率是 1.29%；等等。评级公司每年会公布一次信用转移矩阵，而每一次公布的数据都是根据长期的信用评级数据的积累得来的。

在制作和应用这个转移矩阵的时候，其实隐含了一个重要的假设：公

表 14.2 平均一年评级转移率统计：1920 — 2007 （单位：%）

	Aaa	Aa	A	Baa	Ba	B	Caa	Ca	违约
Aaa	91.37	7.59	0.85	0.17	0.02	0.00	0.00	0.00	0.00
Aa	1.29	90.84	6.85	0.73	0.19	0.04	0.00	0.00	0.07
A	0.09	3.10	90.22	5.62	0.74	0.11	0.02	0.01	0.08
Baa	0.05	0.34	4.94	87.79	5.54	0.84	0.17	0.02	0.32
Ba	0.01	0.09	0.54	6.62	82.76	7.80	0.63	0.06	1.49
B	0.01	0.06	0.20	0.73	7.10	81.25	5.64	0.57	4.45
Caa	0.00	0.03	0.00	0.24	1.04	9.59	71.50	3.97	13.58
Ca-C	0.00	0.00	0.14	0.00	0.55	3.76	8.41	64.19	22.96

资料来源：穆迪公司。

司以后的信用程度完全取决于其现在的信用状态，与其过去信用转移过程无关。这个假设的含义是，公司今后的信用走向只和它现在的评级相关，和它以前的评级历史没有任何的关系。比如公司甲现在的评级是 A，它在一年前的评级是 Aa；公司乙的现在的评级也是 A，它在一年以前的评级是 Baa。即使如此，我们仍认为两个公司将来被升级的概率和被降级的概率应该是一样的。

这个假设显然有它合理的一面，因为两个同领域、同信用级别公司的债券的价格往往具有非常大的相关性。这个假设也有不合理的一面，比如曾经提出过的，一旦公司信用评级出现向下过渡，那么，该公司信用评级进一步向下过渡的可能性，会比一直处于同类评级的公司评级向下过渡的可能性高得多。例如用标准普尔公司的评级来举例，一个从 A 降到 BBB+ 的公司，会比一开始就是 BBB+ 的公司更容易被降级。这种现象被称为评级过渡惯性。同样，一个从 BBB 上升到 BBB+ 的公司，也会比一开始就是 BBB+ 的公司更容易被升级。

其实这个假设本身涉及概率论中的一个重要概念：马尔科夫过程。虽然这个假设在信用衍生品定价中有不合理的一面，但为了在数学上处理简便，本节就在这个假设下来研究公司信用的转移。

有了信用转移矩阵，一年以内的违约概率就很清楚了。不仅如此，还可以由此推出它未来每年的评级变迁和违约的可能性，比如可以得到两年、三年、五年以至十年、二十年的评级变迁和违约概率。那么为什么利用一年的转移矩阵可以得到未来的评级变化的概率呢？先从理论上探讨信用评级的变化应满足的一些数学规律，并讨论它们在信用衍生品模型上的应用。首先把符号搞清楚。为了简单起见和应用方便，我们用整数代表各个信用等级，比如说 1 代表最好的等级 Aaa，8 代表最差的等级 D —— 违约，等等。根据刚刚做的假设，公司的等级在一年以内的转移只和公司现在的等级有关系，和它的历史没有任何关系。如果一个公司现在的等级是 i 的话，那么它在一年内转移到等级 j 的概率就可以记为 $z_{i,j}$。这些概率不应该有负的，所以第一个要满足的条件就是所有的元素必须非负。而且对于一个固定的信用等级，所有未来的转移概率相加起来应该等于 1。可以验证，这在表 14.2 中也是成立的。用符号来表示就是

$$z_{i,1} + z_{i,2} + \cdots + z_{i,8} = 1$$

且该式应对于任何的 $i = 1, 2, \cdots, 7$ 都成立。为了进一步处理，需要把矩阵变成方阵。注意到每个信用等级都有 8 种可能的过渡，包括违约破产，但是一共才有 7 个不同的信用等级。如果把违约也算作一个信用等级的话，其未来的信用过渡就应该只停留在违约这个等级上。这反映了任何公司只能够违约一次的事实，即违约以后不能复生，因而不能够转移成为更好的信用。所以要追加一行

$$z(8, j) = 0, \quad j = 1, 2, \cdots, 7, \quad z(8, 8) = 1$$

这个矩阵在数学上就成为一个方阵，即它的行数等于它的列数。我们把这个方阵重新用矩阵的符号写出来。为了节省空间，我们没有写百分号，但是在计算过程中应切记，不要忽略。

$$\begin{pmatrix} 91.37 & 7.59 & 0.85 & 0.17 & 0.02 & 0.00 & 0.00 & 0.00 & 0.00 \\ 1.29 & 90.84 & 6.85 & 0.73 & 0.19 & 0.04 & 0.00 & 0.00 & 0.07 \\ 0.09 & 3.10 & 90.22 & 5.62 & 0.74 & 0.11 & 0.02 & 0.01 & 0.08 \\ 0.05 & 0.34 & 4.94 & 87.79 & 5.54 & 0.84 & 0.17 & 0.02 & 0.32 \\ 0.01 & 0.09 & 0.54 & 6.62 & 82.76 & 7.80 & 0.63 & 0.06 & 1.49 \\ 0.01 & 0.06 & 0.20 & 0.73 & 7.10 & 81.25 & 5.64 & 0.57 & 4.45 \\ 0.00 & 0.03 & 0.04 & 0.24 & 1.04 & 9.59 & 71.50 & 3.97 & 13.58 \\ 0.00 & 0.00 & 0.14 & 0.00 & 0.55 & 3.76 & 8.41 & 64.19 & 22.96 \\ 0.00 & 0.00 & 0.00 & 0.00 & 0.00 & 0.00 & 0.00 & 0.00 & 100.00 \end{pmatrix}$$

有了这个矩阵，考察一个公司在一年内的违约概率就很简单，用我们的符号来说就是 $z_{i,8}$。但是如果想要计算一个公司在两年内违约的概率就有些麻烦了，因为那个信息在矩阵上并没有直接给出。如果仔细地考虑这个新的问题，可以想到答案。一种可能是这个公司在第一年内就违约了，而且一旦违约就不会有好转的可能。但是如果在第一年内没有违约的话，其信用可能发生转移，也可能原地不动，即有 $z_{i,j}$ 的可能性从信用级 i 过渡到信用级 j（包括 $i=j$）。在第二年，还可能从信用级 j 降至违约级。这个过程总共的概率为 $z_{i,j}z_{j,8}$。由于这里的级别 j 可能的取值是从 1 到 8，所以必须要对信用级别 j 求和以得到最后两年的信用 i 的违约概率。现添加符号 $z_{i,j}(t,T)$，代表从时间 t 到时间 T 的从信用 i 到信用 j 的概率。在这个符号下有 $z_{i,j}(0,1) = z_{i,j}$。根据我们刚才的分析应该有

$$z_{i,8}(0,2) = \sum_{j=1}^{8} z_{i,j} z_{j,8}$$

同样的道理可以得到

$$z_{i,k}(0,2) = \sum_{j=1}^{8} z_{i,j} z_{j,k}$$

熟悉矩阵理论的读者一定可以看到，这就是矩阵乘法的定义了。一般情况下用矩阵

$$\boldsymbol{Q}(t,T) = (z_{i,j}(t,T))_{i,j=1,2,\cdots,8}$$

来代表从 t 时刻到 T 时刻的信用转移矩阵。其中，$z_{i,j}(t,T)$ 作为矩阵中的一个元素，代表了一个信用在时间 t 到 T 的跨度上从信用 i 变化到信用 j 的概率。这个概率矩阵有一个特点：一旦信用个体发生了违约，就将永久停留在违约的状态，所以这个矩阵的最后一行有

$$z_{8,j}(t,T) = 0, \quad j = 1,2,\cdots,7, \quad z_{8,8}(t,T) = 1$$

在已有的假设基础上，我们说这个信用变化系统是个马尔科夫系统，也就是说，今天信用的评级完全决定了未来信用评级的概率，和过去评级的历史没有任何的关系。在马尔科夫过程的假设下可以得到一般表达式：

$$\boldsymbol{Q}(t,T_2) = \boldsymbol{Q}(t,T_1)\boldsymbol{Q}(T_1,T_2)$$

表 14.3 两年的转移矩阵（单位：%）

	Aaa	Aa	A	Baa	Ba	B	Caa	Ca	违约
Aaa	0.84	0.14	0.02	0.00	0.00	0.00	0.00	0.00	0.00
Aa	0.02	0.83	0.12	0.02	0.00	0.00	0.00	0.00	0.00
A	0.00	0.06	0.82	0.10	0.02	0.00	0.00	0.00	0.00
Baa	0.00	0.01	0.09	0.78	0.10	0.02	0.00	0.00	0.01
Ba	0.00	0.00	0.01	0.11	0.69	0.13	0.01	0.00	0.03
B	0.00	0.00	0.00	0.02	0.12	0.67	0.09	0.01	0.09
Caa	0.00	0.00	0.00	0.01	0.02	0.15	0.52	0.05	0.25
Ca-C	0.00	0.00	0.00	0.00	0.01	0.06	0.12	0.42	0.39

当然，如果把一年的转移矩阵简化记为

$$Q(t, t+1) = Q$$

就应该有

$$Q(0, n) = Q^n$$

这个公式就为计算转移矩阵提供了工具。我们就可以根据一年的转移矩阵来计算两年以至三年、四年的转移矩阵了。举个例子，借助上面的这个转移矩阵，为了计算两年的转移矩阵，如表 14.3，其实我们只要对上面的矩阵做一次乘法就可以了。

当然，继续用矩阵乘法还可以计算三年、四年以至十年的转移矩阵。据此，可以绘制出来每个信用等级在第一年、第二年以至第十年的累计违约概率曲线。根据定义，这些累计违约概率当然是随着年份的增加而增加，但是我们会看到它们增加的幅度和趋势完全不同（图 14.2）。

更有用处的是，根据计算结果我们可以观察一个信用等级的信用曲线，即它在第一年、第二年以至第十年的条件违约概率。具有代表性的是图 14.3 中的四个子图。比如观察 Aa 信用等级的信用曲线，发现它呈上升趋势，而且违约概率随时间加速上升，所以曲线向下凸。我们再观察 Baa 的信用曲线，发现它的信用曲线也是上升的，但是违约概率随时间减速上升，所以曲线向上凸。B 的信用曲线向下降，而 C 的信用曲线也是下降，但是下降的速度就更快了。这些信用曲线比较贴近现实，因为较高信用评级的

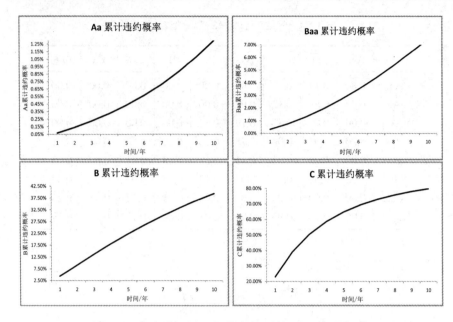

图 14.2 根据转移矩阵乘法得到的累计违约概率

公司短期违约的概率较低，但是随着时间的推移，违约概率会有增加的倾向；信用较差的公司则正好相反，短期违约的可能性很大，一旦渡过难关，公司情况出现好转，违约概率便呈下降的趋势。我们在后面的信用违约互换一章还要从其他的角度回头看这个问题。

按信用评级构造转移矩阵的好处是，能够比较客观地根据历史数据来衡量一个信用的长期风险。这不仅使我们能够得到违约的信息，还可以得到信用转移的信息。这个方法简单易行，对于公司的风险管理或者计算所谓信用风险值（Value at Risk）都有用处。但是这个方法有缺陷：一是假定了马尔科夫过程；二是无法区分同一评级的公司之间的信用高低。虽然有些公司处于同一个信用等级，但它们在市场上的信用违约互换价格不一样，说明市场对它们的信用风险评价不一样，这都是转移矩阵无法解释的。三是这个方法并不能得到风险中性概率测度，所以不能用来为信用衍生品做市场定价，包括信用违约互换的市场定价。

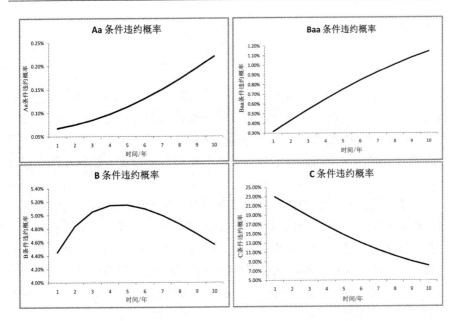

图 14.3 根据转移矩阵乘法得到的条件违约概率

14.6 公司债券的 Merton 定价模型

一个上市公司既有公开发行的股票，也有公开发行的债券，有时还有与之相关的信用违约掉换。它们的价格一般呈现的关系是：如果公司的业绩好，股价上升，债券价格上升，信用违约互换的息票率下降；如果公司的业绩不好，股价下降，债券价格下降，信用违约互换的息票率上升。从这一观察到的普遍现象出发，我们不禁要问，它们之间有没有具体的量化关系呢？更具体讲就是，已知一个量的变化能否知道其他量的变化呢？为了回答这个问题，麻省理工学院经济学教授 Robert Merton 发明了一个依赖于股票期权理论的定价模型。我们在这一节就来介绍这个理论。

根据会计法则，公司资产负债表上的资本结构关系必然可以写成下面的等式：

$$资产总额 = 债务总额 + 股本 \tag{14.2}$$

有的时候也可以写成

$$股本(净资产) = 资产总额 - 债务总额 \tag{14.3}$$

这说明一个公司的资产是从两个方面筹集得到的：一个是债权人的投资，在资产负债表上通过债务体现出来；另一个是股东的投资，在资产负债表上以股本或净资产体现出来。债务包含短期和长期两种，还可以划分为银行提供的贷款和向市场发行的债券等。公司的股份投资一般包括优先股和普通股两种。

为了讨论简便，我们假设公司债务只有市场债券。债权人的收益包括定期拿到的息票率和在到期日收到的本金。剩下的净资产部分完全由公司的股东得到。但是在公司亏损的时候，公司的股东要先亏损，然后债权人才会亏损。所以公司的效益就直接影响到了债权人的利益和股权人的利益。但是两者的利益并不完全一致。区分债权人的利益和股权人的利益就是 Merton 定价模型的中心思想。

为了简单起见，我们假定公司的债务全部由一种无息债券构成。该债券在时刻 T 到期。债券的收益就体现在到期时的面值上，记为 F。债券在今天交易的值要小于面值 F。具体小多少，由两个因素决定：一是无风险利率，一般受中央银行利率政策和国家长期债券利率的影响；二是这个公司的信用评级和债务偿还能力，与公司的经营状况密切相关。假定债券今天价格是 P，那么，我们有

$$rT = \ln\left(\frac{F}{P}\right)$$

或者等价地有 $P = e^{-rT}F$。

这里 r 用来计算债券的收益率。显然，这样定义的收益率就是我们以前定义过的无息债券的连续复合利率。收益率越高，债券在今天价格越低。反过来，债券的风险越大，债券在今天的价格就越低，收益率也就越高。一般市场参与者认为，任何公司债券的风险都要比国债的风险大，所以，相同到期日的公司债券的收益率永远比国债的收益率高。高出的收益率是为了补偿因公司破产而出现的信用风险。从这个意义上说，任何公司债券的收益率都由两部分组成：一部分是无风险收益率 r_d，另一部分就是公司

的信用部分，又被称为信用风险加价 r_e。这样就有下面的表达式：

$$r = r_d + r_e \tag{14.4}$$

其中，对任何公司 r_d 是一样的，但是 r_e 却不同。一般来说，信用越好，r_e 越小，公司债券的价格也越高，这样公司发行债券的成本也就越低。对于一个公司，如何衡量其信用部分 r_e 不仅是一个有意义的理论问题，而且在实际交易中的应用价值也很高。Merton 的定价模型就是被广泛应用的一个方法。在这个模型中，我们将用上市公司的股价和公司的资本结构来定量地研究公司的信用程度。

让我们先考虑公司在什么情况下破产。Merton 模型一个核心的假设是，如果公司总资产在时刻 T 超过量 F，公司的资产用来还清债务便没有问题，股东还可以得到剩余部分。但是，如果在时刻 T 的总资产少于 F，理论上公司宣布破产，股东的投资将损失殆尽，债券持有人将清理所有剩余的资产，并承受可能的亏损。为了解释清楚这个收益过程我们使用下面的记号：

$$V_t = \text{时刻 } t \text{ 的总资产价值}$$
$$E_t = \text{时刻 } t \text{ 的股本价值}$$
$$P_t = \text{时刻 } t \text{ 的无息债券价格}$$
$$F = \text{无息债券的面值}$$

债券持有人在到期时间 T 的收益是：如果 $V_T \geqslant F$，债券持有人将获得 F；如果 $V_T < F$，债券持有人只能获得 V_T。公司股东在 T 时刻的收益是：如果 $V_T \geqslant F$，股东将得到 $V_T - F$；如果 $V_T < F$，股东将得到零。总之，债券持有人在 T 时刻只能获得

$$\min(F, V_T) = F - \max(F - V_T, 0)$$

股东在 T 时刻能获得

$$\max(V_T - F, 0)$$

如何解释这个公式呢？对公司股东来讲，时刻 T 的收益是一个执行价为 F 的看涨期权值。因为只有在到期时总资产的价值超过了债券的面值，股东

们才有机会赚钱。如果到期时总资产的价值低于或等于债券面值，股东们除了本钱外不会赔更多的钱。对公司债券的投资者来讲，时刻 T 的收益是一个面值为 F 的无风险债券减去一个执行价格为 F 的看跌期权收益。这个公式揭示了一个重要的概念：债权人在经济利益上具有天然的劣势，表现为他们的收益是封顶的，不能够享受公司高利润带来的回报，但是要承担公司亏损带来的风险。股权人在做了股份投资以后，可以享受到类似一个看涨期权的回报。但是债权人的这个表面上的劣势，也使得债权人在公司的资产结构上高高在上，而且在公司违约以后可以接管公司的经营权，进行重组，这个时候股权人的收益往往成为泡影。

由于我们分析清楚了债权人和股权人之间的关系，现在可以借助熟知的看涨看跌期权理论来为债券定价了。面值为 F 的无风险债券当然可以用无风险利率去折现。看跌期权的价值可以用 Black-Scholes 公式算出来。所以，债券的价格应该是

$$P = \mathrm{e}^{-r_d T} F - \mathrm{Put}(F, T; V)$$

式中，$\mathrm{Put}(F, T; V)$ 是执行价为 F、到期日为 T、资产现值为 V 的看跌期权价值，r_d 是无风险利率。为了计算这个看跌期权的价值，首先要研究总资产 V_t 的随机过程。一般假定在风险中性概率测度下，公司的资产总值 V_t 可由下式表达：

$$\mathrm{d}V_t = r_d V_t \mathrm{d}t + \sigma V_t \mathrm{d}W_t$$

式中，最主要的参数 σ 代表了总资产收益的波动率。在这个假定下，利用 Black-Scholes 公式，V_t 的看跌期权值由下式给出：

$$\mathrm{Put}(F, T; V) = \mathrm{e}^{-r_d T} F N(-d_2) - V_0 N(-d_1)$$

其中，d_1 和 d_2 定义为：

$$d_1 = \frac{\ln(V_0/F) + r_d(T-t) + \frac{1}{2}\sigma^2(T-t)}{\sigma\sqrt{T-t}}$$

$$d_2 = \frac{\ln(V_0/F) + r_d(T-t) - \frac{1}{2}\sigma^2(T-t)}{\sigma\sqrt{T-t}}$$

一般来说，执行价为 F 的看跌期权值要小于 $\mathrm{e}^{-r_d T} F$，所以假设

$$\mathrm{Put}(F, T; V) = \mathrm{e}^{-r_d T} \mathrm{e}^{-dT} F$$

如果是这样的话，将有 $c>0$，使得

$$P = e^{-r_d T}F - \text{Put}(F,T;V) = e^{-r_d T}F - e^{-r_d T}e^{-dT}F = e^{-r_d T}Fe^{-cT} \quad (14.5)$$

式中，

$$1 - e^{-dT} = e^{-cT}$$

观察等式 (14.5)，可以得出

$$P = e^{-rT}F = e^{-(r_d+c)T}F$$

这样，公司发行的无息债券的收益率有表达式

$$r = r_d + c$$

式中，r_d 是无风险收益率。根据我们的定义，

$$r_e = c$$

这就是信用风险加价。可以看到，公司债券的面值 F 相对总资产 V_0 的比例越大，看跌期权值就比较大，所以 r_e 比较大，债券的交易值较低。从直观上看，公司债券的面值 F 相对总资产 V_0 比例越大，公司的债务比例就越大，公司破产的可能性也就比较大。在这种情况下，投资人对该公司发行的债券的收益率要求就较高，从而压低了债券的价格。另一个影响公司债券价值的因素是资产的波动率。如果波动率高，那么看跌期权值就比较大，从而会导致 r_e 比较大，所以债券的交易值会相对低。从这个角度讲，为了避免公司的信用受到损失，公司应尽量地减少杠杆贷款，也应尽量降低资产的波动率。

下面让我们借助图形来分析 Merton 模型对变量的依赖性。首先看一个例子。公司的总资产是 100 元，公司的债券是无息债券且低于面值发行，期限为一年。还假设公司的资产波动率是常值 20%，无风险利率是 5%。这样，计算得到看跌期权的价格为 1.31 元，进而得到债券的 Merton 模型的价格应该是 93.92 元，相应的到期收益率是 6.46%。和 5% 的无风险利率相比，该利率高出 1.46%。这个加价至少部分地反映了债券违约的可能性。

作为对 Merton 模型的检验，我们来计算期限更长的债券的价格和收益率。图 14.5 给出了期限为一到五年的债券的收益率（其计算依赖上面的假

设,即无息债券、资产的波动率等于20%,无风险利率为5%)。果然不出所料,期限越长,债券的价格就越低,而且债券的价格对于时间呈一个向下凹的函数。更有启发的是,我们在观察债券的到期收益率后,如图14.5所示,发现这个到期收益率关于时间的走向比较令人费解。

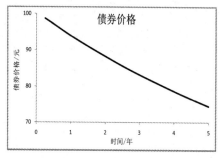

图 14.4 债券价格　　　　　　图 14.5 到期收益率

为什么到期收益率先是上升,在达到最大值以后却有所下降呢?其实问题出在模型上。我们所假定的条件之一是资产具有常值的波动率,而且其增长的平均收益率是无风险收益率。在这个条件下,债券在极短的时间内显然是不会违约的,因为初始的总资产是完全超过债券面值的,所以短期的债券收益率应该较小。随着时间的增加,由于资产波动造成债券的违约概率增加,故债券收益率也相应增加。由于资产的长期收益率稳定在无风险的收益率上,所以债券的长期前景反倒是看好了,故债券到期收益率又有所减少。这个假定不很符合实际情况,因为从公司的股票期权市场上看,期限越长的期权,哪怕执行价一样,其隐含的波动率也越大。这个事实被称为波动率偏态。所以上面的这个收益到期率图没有真正反映债券的内在受益情况,应该用期权市场的隐含波动率来代替这里的常值波动率。

同理,我们再看一看债券的到期收益率随波动率的变化情况(图14.6)。显然,当波动率近乎是零的时候,债券的收益率便成为近乎无风险的利率。这是因为资产的变化越小,债权人的风险也越小;反之,波动率越大,债权人的风险也越大。最后我们看一下到期收益率随着杠杆的变化(图14.7)。杠杆体现在最初的资产对于债券面值的比率上。这个比率越大,杠杆就越小;这个比率越小,杠杆就越大。那么结果也很明显,杠杆越大,违约的可能性就越大,所以降低杠杆有助于提高债券价格,降低融资成本。

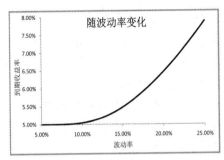
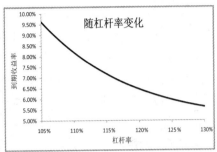

图 14.6 波动率–到期收益率　　　图 14.7 杠杆率–到期收益率

在实际操作中，人们认为时刻 t 的总资产是无法算出的，资产的波动率也无法从市场上观察到，但是上市公司的股票是可交易的，所以一个上市公司的市值总额及其股价的波动率都是可以观察或计算的。在上面我们讲过，股东的收益相当于一个执行价为 F 的看涨期权。所以，如果我们把这个看涨期权的价格和股票的市值结合到一起，应该能得到合理的参数支持。为此，我们需要能同时解下面两个方程：

$$\begin{cases} E_t = V_t N(d_1) - e^{-r_d T} F N(d_2) \\ \sigma_E(t) = \sigma_V N(d_1) V_t / E_t \end{cases} \tag{14.6}$$

在这两个方程里，σ_V 和 V_t 未知，而 σ_E 和 E_t 已知。一旦解出了 σ_V 和 V_t，就可用债务持有方程算出持有债券的价格。

我们在 Merton 模型的框架下还可以很容易推导出公司债券的违约风险中性概率。因为公司债券的违约标志就是公司的总资产低于总债务，所以用 P 代表事件的概率时有

$$P(\text{公司在时间点 } T \text{ 上违约}) = P(V < F) \tag{14.7}$$

通过类似 Black-Scholes 公式的推导，这可以表示成

$$P(V < F) = N\left(\frac{\ln\left(\frac{F}{V_0}\right) - rT + 1/2\sigma^2 T}{\sigma\sqrt{T}}\right) \tag{14.8}$$

同样可以绘出违约概率对于其他变量的依赖性，其中，最重要的一个观察是相对于时间来讲的违约概率图形。但是，这显然依赖初始时债券的面值

和总资产的比较，如图 14.8 所示的是违约概率随着时间的变化而变化的情形。对于一个低杠杆融资的公司来讲，违约概率始于零，然后逐年上升，反映了在开端违约可能性很小而后来违约逐渐增加的现象。对于一个中度杠杆融资的公司来讲，违约概率虽然也始于零，但是很快大幅度上升，达到最高点以后再下降。对于一个高杠杆的公司来讲，眼前的违约概率已经非常之高，以后逐渐下降。这个图形虽是从数学推导中来，但是很形象地反映了现实的情况。比较图 14.2，可以看到相似的情况。

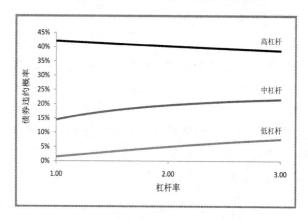

图 14.8 Merton 模型计算出的债券违约概率

  Merton 模型的优点是，它把难以测量的信用违约概率通过容易观察到的上市公司的股价计算了出来。这就在公司的信用产品和股票产品之间架起了一座桥梁，也为许多交易策略的产生奠定了基础。但是 Merton 模型也有缺点。从应用上讲，公司的股票远远比公司的信用衍生品具有流动性，所以其价格互动关系应该会受到流动性的影响。另外，Merton 模型还假定了当公司资不抵债时会立即出现违约，也不是非常现实。Merton 模型最重要的一个缺点是，用市场上公司股价的波动率来近似代替公司总资产波动率的时候，假定了公司债务是个常数。这也是不现实的，因为它忽略了公司的债务会随时变化的事实。尽管 Merton 模型有种种缺陷，它还是被广泛地应用到许多银行和其他金融机构的信用衍生品业务当中。

14.7 约化型模型

上面所讲的 Merton 模型，包括首次离开时间的模型，一般被称为结构型模型（structured model）。这些模型试图应用公司的股价和资本结构解释债券的价格和风险。但是随着公司债券在市场上的交易、信用违约互换产品以及其他信用衍生品的推广，越来越多的模型被创造出来，其中广为应用的是约化型模型（reduced form model）。与结构型模型不同的是，约化型模型并不涉及解释违约发生的原因，而是利用市场上关于债券的交易价格或是信用违约互换的价格，把在风险中性概率测度下的违约概率直接计算出来。一旦计算出了不同到期日的违约风险中性概率，就可以用这个概率来计算与之相关的信用衍生品的价格了。下面来介绍这个模型。

整个模型的出发点是：我们需要计算违约出现在第 N 年的概率。为了这个目的，用记号 τ 来表示违约发生的时间。请注意，这里违约发生的时间可能是在整数年上，也可能不在整数年上。与之密切相关的一个概念就是跳跃过程，记为 $N(t)$。跳跃过程是个时间的函数，但是取值永远是整数。在开始的时候取值为 0，直到违约发生的时间 t，以后函数取值为 1。这样，根据定义，有

$$\tau = \min\{t \geqslant 0 | N(t) = 1\}$$

这个公式仅仅表明，违约时间就是跳跃函数 $N(t)$ 第一次为 1 的那个时刻。

显然，我们很想知道违约发生在 t 和 s 之间的那个概率值，即 $P(t < \tau < s)$ 的值。换言之，也就是 $N(t) = 0$ 但是 $N(s) = 1$ 的概率，即

$$P(t < \tau < s) = P(N(t) = 0, N(s) = 1)$$

在数学中，为了考虑清楚一个问题，往往需要先从简单的情况讨论起。我们先在一组离散点上来计算这些概率，最常见的是在等距离的时间点上来看问题，这些点可能是每年，也可能是每半年，等等。为了简化记号，记这些点为 $1, 2, \cdots$，同时我们记

$$P(N(k) = 1) = p_k = P(\tau \leqslant k)$$
$$P(N(k) = 1 | N(k-1) = 0) = P(\tau \leqslant k | \tau \geqslant k-1) = q_k$$

从定义来看，p_k 是违约发生在时刻 k 以前的概率，而 q_k 则表示已知在 $k-1$ 时刻还没有违约的情况下，违约发生在 k 时刻之前的概率。从这个角度看，p_k 是一种累计概率，而 q_k 则是一种条件概率。在这种离散的情况下很容易看到累计概率和条件概率之间的转换。根据贝叶斯公式就有

$$1 - p_k = (1 - q_1)(1 - q_2) \cdots (1 - q_k)$$

或者说就有

$$p_k = 1 - (1 - q_1)(1 - q_2) \cdots (1 - q_k)$$

这样给出了 q_k，就可以计算出 p_k。同时反过来，给出了所有 p_k 的话，也可以用下面的式子反求出所有的 q_k，

$$q_k = 1 - \frac{1 - p_k}{1 - p_{k-1}}$$

例 14.2 一个信用的第一年、第二年直至第五年的条件违约概率分别为 1%, 2%, 3%, 4% 和 5%。这个信用的第一年的累计违约概率就是 1%。第二年的累计违约概率为

$$1 - (1 - 1\%)(1 - 2\%) = 2.98\%$$

依次类推，第五年的累计违约概率就是

$$1 - (1 - 1\%)(1 - 2\%)(1 - 3\%)(1 - 4\%)(1 - 5\%) = 14.17\%$$

同样的道理，第一年的生存概率是 $1 - 1\% = 99\%$。第二年的累计生存概率是

$$(1 - 1\%)(1 - 2\%) = 97.02\%$$

以此类推，第五年的累计生存概率就是

$$(1 - 1\%)(1 - 2\%)(1 - 3\%)(1 - 4\%)(1 - 5\%) = 85.83\%$$

所以条件概率和累计概率之间是可以互相转换的，给出了一个就相当于给出了另外一个。有了离散情况的基础，现在推导连续情况下的条件概率和累计概率的转换。这里的关键概念是 hazard rate 的定义。严格讲它是

关于泊松分布的概念。在泊松分布中可以假定跳跃过程 $N(t)$ 满足下面的关系：

$$P(N(t+\mathrm{d}t)=1|N(t)=0)=\lambda(t)\mathrm{d}t$$

其实这个定义就表明，上面定义的条件概率 q，从局部上说就是个可以用 $\lambda(t)$ 来逼近的函数。而 hazard rate 就是单位时间的条件违约概率。根据函数 $\lambda(t)$，可以把所有的违约概率分布函数解出来，事实上，令

$$p(t)=P(N(t)=1)$$

就有

$$\frac{p(t+\mathrm{d}t)-p(t)}{1-p(t)}=\lambda(t)\mathrm{d}t$$

这样就得到微分方程

$$\frac{p'(t)}{1-p(t)}=\lambda(t)$$

并且这个方程的解就是

$$p(t)=1-\mathrm{e}^{-\int_0^t \lambda(s)\mathrm{d}s}$$

比如在 $\lambda(t)$ 是常数的时候就有公式

$$P(N(t)=1)=P(\tau\leqslant t)=1-\mathrm{e}^{-\lambda t}$$

这个式子表明违约时间服从指数分布。这个简化的公式仅仅是为了形式上的简单和计算上的方便，并不是说 $\lambda(t)$ 是常数的时候更具有现实意义。通过上面的讨论，还可以计算出违约时间分布的密度函数：

$$P(t<\tau\leqslant t+\mathrm{d}t)=P(\tau\leqslant t+\mathrm{d}t|\tau>t)P(\tau>t)=\lambda(t)\mathrm{e}^{-\int_0^t \lambda(u)\mathrm{d}u}\mathrm{d}t \quad (14.9)$$

在这个理论基础上，请注意，对于固定的时间 t，都有

$$P(\tau=t)=0 \quad (14.10)$$

有了上面这些公式，终于可以对信用衍生品定价了。这里的信用衍生品应该是一个收益函数取决于信用违约与否的金融衍生品。我们用 T 代表它的到期时间。

首先考虑第一种衍生品，如果在没有违约的情况下 T 时刻的收益是 $X(T)$，在违约的情况下 T 时刻的收益是零。比如一个回收率为零的有违约风险的债券就符合这种描述。根据风险中性的定价原理，今天的价格就应该是对未来现金流折现后取期望，并且期望应该在风险中性概率分布下取得。于是，就有如下定价公式

$$C^d(0) = E\left(\frac{X(T)}{\beta(T)} I_{\tau>T}\right)$$

式中，$C^d(0)$ 代表这个衍生品今天应有的价格。此外，

$$\beta(T) = e^{\int_0^T r(s)\mathrm{d}s}$$

代表银行账户的价值，τ 代表违约时间。函数 $I_{\tau>T}$ 表示在没有违约的情况下取值为 1，在违约的情况下取值为 0。

如果假设违约时间的过程和风险中性的过程无关的话，上式便可写成

$$C^d(0) = E\left(\frac{X(T)}{\beta(T)}\right) P(\tau > T) = C(0) P(\tau > T),$$

其中，

$$C(0) = E\left(\frac{X(T)}{\beta(T)}\right)$$

就是没有违约情况下的未定权益的价格。通过这个推导我们看到，原来在一定的假设下，具有违约风险的衍生品价格是没有违约风险的产品的价格和生存概率的乘积。

下面我们再看另一种产品，这种产品要稍稍复杂一些。在时刻 T 的收益函数仅仅在违约情况下有价值，如果没有违约发生则收益为零。这样的收益函数可以写成 $X(\tau)$ 的形式，因为 τ 代表着违约的时间。此时根据风险中性的概率定价原理，有

$$D^d(0) = E\left(\frac{X(\tau)}{\beta(\tau)} I_{\tau\leqslant T}\right)$$

现在根据我们曾经推导过的公式 (14.9)，这个产品今天的价格应该为

$$D^d(0) = \int_0^T E\left(\frac{X(t)}{\beta(t)}\right) \lambda(t) e^{-\int_0^t \lambda(s)\mathrm{d}s}\mathrm{d}t$$

一个重要的特殊情形就是当 $X=1$ 时，就有

$$D(0) = \int_0^T B(0,t)\lambda(t)e^{-\int_0^t \lambda(s)ds}dt \tag{14.11}$$

式中，

$$B(0,t) = E\left(e^{-\int_0^t r(s)\,ds}\right)$$

就是无风险无息债券的价格。

现在来看一般信用衍生品的价格问题。一般来说，信用衍生品的收益是上面讨论过的两种情况的组合。一种情况是在违约情况下收益为零，另一种情况是在不违约的情况下收益为零，这两种情况相加可以构成整体的收益。比方说，一个在时刻 T 到期的无息债券，如果其回收率是零的话，根据推导出的公式，其价格应该是

$$B^d(0,T) = E\left(\frac{1}{\beta(T)}\,I_{\tau>T}\right)$$

在信用风险和利率风险完全不相关的时候，就有

$$B^d(0,T) = B(0,T)P(\tau>T)$$

进一步，在回收率大于零的情况下，比如说等于 R，这个债券的收益就可以看成

$$X(T) = \begin{cases} R, & \tau < T \\ 1, & \tau \geqslant T \end{cases}$$

这个收益可以分解成为

$$X(T) = X_1(T) + X_2(T)$$

式中，

$$X_1(T) = \begin{cases} R, & \tau < T \\ 0, & \tau \geqslant T \end{cases} \qquad X_2(T) = \begin{cases} 0, & \tau < T \\ 1, & \tau \geqslant T \end{cases}$$

就是说，X_2 是一个回收率为零的债券，其价格我们刚刚讨论过；X_1 是个衍生品，它在没有违约的情况下收益为零，这个时候根据式 (14.11)，

$$D(0,T) = \int_0^T B(0,t)\lambda(t)e^{-\int_0^t \lambda(s)ds}dt$$

这样，完整的有回收率的债券的价格就是

$$B^d(0,T) = RD(0,T) + B(0,T)P(\tau > T)$$

14.8 Monte Carlo 模拟违约

为了计算信用衍生品的定价，除了用闭形式的公式求解以外，一个应用广泛且强大有效的办法就是对实际的信用违约进行模拟。

下面让我们把它应用到信用衍生品的定价上。给出了信用衍生品的收益函数 $X(T)$ 以后，根据风险中性的定价原理，我们要对未来现金流的折现因子计算期望。如果我们不能用闭形式给出这个期望的话，Monte Carlo 可以协助计算。为此，我们需要模拟产生一条实际的路径。在股票衍生品的情况下，路径可能是股票每天的价格。在利率衍生品的情况下，路径可能是短期利率。在信用衍生品的情况下，路径一般是每一年这个信用违约还是不违约的信号。针对这条路径，衍生品的收益就明确了。把衍生品的现金流折现，得到今天的折现值。有了一条路径，就可以用同样的方法产生 100 条、1000 条路径，不同的是每次产生的随机数都不一样，所以违约的信号会有所不同。有了充分多的路径以后，把所有现金流的折现值取平均，就应该是我们的衍生品的理论价格很好的近似了。而且路径越多，这个近似就越好。当路径趋于无穷的时候，路径的平均值就趋于理论价格。

让我们考虑一个信用在未来 10 年的违约情况。如果确定了每年的条件违约概率是 p_i 的话，那么有

$$P(\tau > i-1 | \tau < i) = p_i \tag{14.12}$$

由此，每年的累计绝对生存概率 F_i 就是

$$F_i = F_{i-1}(1-p_i) \tag{14.13}$$

而且仅仅在第 $i-1$ 年到第 i 年发生违约的概率为 $F_i - F_{i-1} = F_{i-1}p_i$。为了生成模拟违约的随机数，我们有两种方法。

第一种方法是一年一年看。首先，第 1 年的违约概率是 p_1，所以我们生成均匀分布的 $(0,1)$ 上的随机数和 p_1 来比较得到违约还是不违约的判断。

一旦违约发生，我们就停止，因为工作完成了，这一条路径就得到了。如果在违约点上有现金流的话，应该按照这个点的折现因子将现金流折现回来。但是我们并不知道这个点确切在哪里，只是知道在 0 到第 1 年之间，所以一般按照 0.5 年来折现，取 0 和 1 的平均值。如果判断没有违约，我们就再产生随机数和 p_2 比较，判断在第 2 年有没有违约。一旦出现违约，就得出结论违约发生在第 1 到 2 年。以此类推到第 10 年。这个方法很合乎逻辑，易于被初学者接受。但是计算速度会很慢，实际应用起来不很方便。

第二个方法就是一次性地模拟违约的时间，这里就是违约的年份。为此，我们应该做出累计违约概率。第 1 年的累计违约概率就是 p_1，第 2 年的违约积累概率是 $p_1 + F_1 p_2$，以此类推。这些累计违约概率呈递增状，而且都小于 1。我们产生一个均匀分布在 $(0,1)$ 之间的随机数 U，然后寻找一个年份比如 k，使得

$$p_1 + F_1 p_2 + \cdots + F_{k-2} p_{k-1} < U < F_1 + F_1 p_2 + \cdots + F_{k-2} p_{k-1} + F_{k-1} p_k$$

此时，就可以说违约相应于这个随机数是发生在第 $k-1$ 年和第 k 年之间。

最后来看如果需要产生连续的违约时间怎么办？这个时候需要用到这个约化型模型中的完整的 hazard rate 曲线结构。由于违约累计概率分布是

$$1 - e^{-\int_0^t \lambda(s) ds}$$

从而每次产生一个均匀的随机变量 U 以后，就求得那个唯一的时间 t，使得

$$U = 1 - e^{-\int_0^t \lambda(s) ds}$$

这样就可以得到违约时间了。在常数的 hazard rate 下，公式变得非常简洁：

$$t = -\frac{\ln(1-U)}{T}$$

这样通过每产生一个均匀分布的随机变量 U，就得到一个违约的时间 t。

15 信用违约互换

15.1 信用违约互换的交易结构

信用衍生品的本质是便于市场交换信用风险。信用违约互换（Credit Default Swap，CDS）是信用衍生品市场的基石，也是信用衍生品市场上最基本最核心的产品。CDS 是交易双方的一种契约。通过这一契约，CDS 的买方向卖方转移参考实体的信用风险。这里所说的参考实体是指除 CDS 买卖双方之外的第三方实体。比如，一家对冲基金向一家银行购买以通用汽车公司为参考实体的 CDS。换句话说，CDS 买卖双方之间所转移的风险，是除他们自身之外的第三家实体的信用风险。这和债券的交易有根本性的区别。在债券交易中，投资人承担的信用风险是债券发行人自身的风险。从广泛的意义上说，这种第三方的参考实体既可以是一个单一特定的经济实体，也可以是某一资产组合，而参考实体的信用风险又是通过其参考债务体现的。根据本章的需要，我们所提到的参考实体将主要指单一名称，即单一经济实体的参考实体。我们将在以后各章中逐步涉及以资产组合为主的参考实体。

信用衍生品市场的惯例，是把购买 CDS 称为购买保护（buy protection）或多头保护（long protection），而 CDS 的买方则被称为保护的买方（protection buyer）。另一方面，市场将出售 CDS 称为出售保护（sell protection）或空头保护（short protection），而 CDS 的卖方则被称为保护的卖方（protection seller）。一旦 CDS 的买卖双方达成协议，保护的买方将以保费或息票率的方式向卖方定期支付一定的费用，而保护的卖方将在参考实体发生违约事件时向买方提供相当于减去回收值以外的协议金额的索赔。

例15.1 一对冲基金向某银行购买1 000万美元名义额、以通用汽车公司为参考实体的CDS。一旦通用汽车公司发生违约事件,保护的卖方将向买方提供1 000万美元的索赔,同时,买方将向卖方提供通用汽车公司发行的面值为1 000万美元的债券。假如此时通用汽车公司债券的市值即回收值为300万美元,对于卖方来说,其实际索赔额就等于700万美元,即名义额减去回收值。

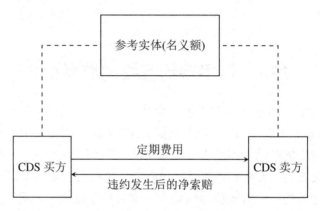

图15.1 信用违约互换结构图

图15.1展示了CDS的基本交易结构。如图所示,在CDS的协议下,买方必须向卖方定期支付CDS的费用。通常,买方每季度向卖方支付一次费用,支付时间的市场惯例是每年的3月20日、6月20日、9月20日和12月20日。买方支付的费用就是所谓CDS的市场价格。通常,CDS的报价是以年基准点(basis point)为基础,如一年80个基准点。CDS的期限从1年到10年不等;其中,5年期的CDS最具有流动性,而其他期限的CDS的流动性则相对缺乏。CDS的费用计算惯例是实际天数除以360。比如一个在4月15日签订的CDS,第一个支付日将是6月20日。应付的费用就等于CDS的市场报价乘以名义额乘以实际天数再除以360。具体计算见下例。

例15.2 某一4月15日签订的名义额为1 000万美元的CDS的报价是一年60个基准点,那么,买方在6月20日所需支付的CDS的费用就是

$$10\,000\,000 \times 0.006 \times 66 \div 360 = 11\,000$$

美元，以后每三个月的费用按同样原则计算。

2009年4月，ISDA CDS 改革方案的推出使 CDS 的定价进一步标准化。根据新的交易规则，买方需向卖方支付统一的固定费用。参考实体为投资级的固定费用为100个基准点，非投资级的固定费用为500个基准点。由于 CDS 所参考的风险不尽相同，因此各个具体的 CDS 的价格可能高于或低于固定费用，为此在交易的当日，买卖双方还必须通过一次性的即期费用彼此清算，以避免一方向另一方支付过多。比如，某投资级的 CDS 的实际价格低于100个基准点，由于 CDS 买方按市场标准价必须每年支付100个基准点给卖方，在交易当日，卖方则需要支付给买方一次性的即期费用，以反映 CDS 的价格低于100个基准点的事实。另外，交易惯例还规定，卖方在付息日将收到全季度的息票率。因此，在两个付息日之间签订的合同，卖方还必须将上个付息日到合同成交日的息票率退还给买方。随着市场透明度的增加，通过市场专业信息公司可以容易地得到某一公司的 CDS 交易价及买卖双方需在成交日相互交换的现金流。

15.2 违约事件定义

违约事件的发生是 CDS 索赔的前提。2003年的 ISDA 对违约事件有明确的定义，对此，我们在前一章中已经作过简略的讨论。

在美国，以公司为参考实体的 CDS 交易中，标准的违约事件包括 ISDA 违约事件的前三项：破产、拒付和重组。2009年4月推出的 CDS 重大改革决定将重组从北美 CDS 合同中的违约事件中去除。考虑到既有的 CDS 合同中以及北美地区以外的合同中重组仍然是违约事件之一，我们还是想就重组事件作一些讨论。

根据2003年 ISDA 的规定，重组又分为重组（old Restructuring，old R）、修定重组（modified Restructuring，mod R）和再修定重组（modified modified Restructuring，mod mod R）。重组主要适用于日本和其他新兴国家；修定重组被广泛应用于2009年4月以前美国市场签订的合同；再修订重组则主要应用于欧洲市场。

这三种重组定义的区别主要有两个方面：一是违约发生后，对可用于实体交割的债券期限要求上的区别；二是对可用于实体交割的债券的转移性要求上的区别。在重组下的交割对债券的期限没有限制，买方可向卖方提交任何期限的债券。在修定重组的交割下，买方允许提交的债券则有期限的限制。根据 ISDA 的规定，买方提交的债券的到期日不能超过自重组事件发生后的 30 个月或 CDS 的剩余期限。比如，如果 CDS 的剩余期限只有 25 个月，买方提交的债券的到期日则不能超过 25 个月。在通常情况下，债券的期限越长其市场价格往往就越低，因此，这一限制的目的在于防止 CDS 买方提交期限过长、价格最低的债券。这种以最低价格交割的现象被称为"最低价格交割"（cheapest to deliver）。另外，修定重组还要求交割的债券必须可以自由流通，包括转移时无须发行人的批准等。

再修定重组和修定重组虽然基本类似，但有两个重要区别：第一，再修定重组允许用于交割的债券到期日不超过自重组事件发生后 60 个月。第二，再修定重组允许用于交割的债券有条件地自由流通。因此，比起修定重组，再修定重组的定义更为宽松。

在 CDS 的交易过程中，违约一旦发生，交易的任何一方便可向另一方提交违约通知。在被通知的一方得到通知后的一定期限内，CDS 的买卖双方将实现交割。通常，CDS 有两种交割方式：实体交割和现金交割。在实体交割的情况下，CDS 的买方必须向卖方提交平价与 CDS 名义值相等、债权地位相同（pari passu）的债券。比如，CDS 所参考的信用风险是优先债务，那么，CDS 买方提交的债券也必须是优先债券。CDS 交割的当日，卖方将以现金方式支付给买方 CDS 的名义值。同时，买方提交的债券的市场价值也就构成了 CDS 卖方的回收值。另外，CDS 交割的当日，也是 CDS 买方支付的 CDS 费用的终止日，CDS 合同自当日起便告解除。

违约发生后，交易双方也可以选择现金交割。在现金交割的情况下，交易双方可根据 CDS 确认书中双方事先同意的程序或是 ISDA 规定的程序确定参考债务的市场价值，从而最终决定 CDS 的回收值，并最后解除（unwind）CDS 合同。近年来，特别是 2009 年 4 月 CDS 改革以来，依照 ISDA 交割程序实现现金交割越来越为占主导地位的交割方式。

例 15.3　一个名义额为 100 万美元且已违约的债务通过 ISDA 的程序定价为 40 万美元，那么在交割时，CDS 的卖方将向买方支付 100 万 − 40 万 = 60 万美元的索赔金。

15.3 按市场定价和货币化

和任何其他的金融工具一样，CDS 的价值会随着市场变化而上下波动。把 CDS 的价值根据市场的波动加以确定，这就是所谓的按市场定价（Mark to Market，MtM）。CDS 之所以要以市场定价，是出于两个主要目的：一是财务和会计报告的需要；二是将 CDS 合同货币化。对于 CDS 来说，所谓按市场定价实际上就是计算 CDS 的初始价值和现时价值的差。具体地说，某一 CDS 的 MtM 市场价格等于该 CDS 的名义额乘以该 CDS 的合同加价与该合同的现时市场加价的差，再乘以风险调整后的息期。可见，CDS 的市场价格取决于下面几个因素：① 市场加价的变化；② 参考实体的信用风险；③ CDS 合同的剩余期限；④ 用于计算现值的折现曲线；⑤ 交易对手的信用风险；等等。

对于 CDS 的买卖双方来说，同一市场加价的波动，在没有交易对手风险的情况下，如果对买方来说是利得，那么对卖方来说必定是利损；其利得和利损必然相等。从 CDS 买方的角度来看，如果参考实体的风险加价上升，便会产生利得；相反，如果参考实体的风险加价下降，则会产生利损。从 CDS 卖方的角度来说，情况则正好相反。对 CDS 的买方来说，所谓利得，是因为在风险加价上升的情况下，买方可以按高于现有合同加价的风险加价将 CDS 转让给第三方。同理，在风险加价下跌的情况下，买方只能以低于现有合同加价的风险加价将 CDS 转让出去，因此是利损。在现实的市场交易下，同一 CDS 的利得和利损不一定完全相等。这是由许多技术原因造成的，比如买卖双方的折现曲线的微小差别、风险加价报价的细小差异、买卖双方各自定价模型的不同等。

例 15.4 某 5 年期 CDS 合同的参考实体风险加价为 200 个基准点。一年后，该参考实体的风险加价下降到 100 个基准点。对于卖方来说，该 CDS 合同将带来相当的利得。假设该 CDS 的名义额为 10 000 000 美元，风险调整后的息期为 3.5，那么，该 CDS 的 MtM 就等于

$$10\,000\,000 \times (2\% - 1\%) \times 3.5 = 350\,000$$

美元。对于卖方来说，该 MtM 就是利得；但对买方来说，这一 MtM 就是利损。

按市场定价是 CDS 实现利得货币化的必要前提。一般情况下，实现 CDS 利得(利损)货币化有三种方法：

（1）签订反向合同。在这种方式下，CDS 的买方可以在其 CDS 合同之外再作为卖方出售新的以同样债务为参考债务的 CDS 合同。比如，投资人 B 一年前向投资人 S 购买了一份 5 年期、以 ABC 公司为参考实体、加价为 50 个基准点的 CDS。一年后的今天，同样参考实体的 4 年期的 CDS 的市场加价为 75 个基准点。因此，投资人 B 一年前买的 CDS 会产生相应的利得。为了实现这一利得，投资人 B 可以以卖方的身份向投资人 D 出售一份 4 年期的 CDS。在没有交易对手风险的情况下，由于投资人 B 在未来的 4 年里处于无信用风险状态，也就是说，如果违约发生，投资人 B 在两个 CDS 合同中的信用风险将互相抵消，投资人 B 将通过这一方式实现利得的货币化，其货币化的大小就等于 CDS 的按市场定价。具体地说，假定参考实体不发生违约，投资人 B 在未来的 4 年里每年都能得到相当于

$$CDS\text{ 的名义额} \times (0.75\% - 0.50\%)$$

的利得，并且不承担任何信用风险。当然，如果参考实体违约，投资人 B 只能实现部分利得。例如，如果两年之后参考实体发生违约，投资人 B 签订的两个 CDS 合同都会因违约而终止。因此，投资人 B 也只能获取两年的利得。

（2）解除现有合同。投资人 B 可以与投资人 S 解除一年前签订的 CDS 合同。在这种情况下，投资人 S 必须向投资人 B 支付相当于按市场定价的金额。

（3）转移给第三方。投资人 B 可将 CDS 转让给第三方，第三方将继续承担买方的角色，为此第三方必须支付给投资人 B 相当于 MtM 的金额。

实现 CDS 利得的货币化对于投资人具有十分重要的意义。正是因为有了实现利得货币化的可能，才使 CDS 的买方不必到参考实体发生违约时才可能获取利益。而 CDS 的卖方，也不必等到 CDS 合同的到期日，便可实现一定的收益。换句话说，CDS 的买卖双方在投资于以某一第三方实体为参考实体的 CDS 时，他们对该参考实体信用风险的看法不仅仅在于它是否违约，还在于它的风险加价的未来走向和波动。正是由于有了货币化的可能，CDS 市场才吸引了更多的投资人的参与。

15.4 交易对手风险

CDS 的交易对手风险是指因交易对手违约而产生的风险。在 2007 年的金融危机以前，交易对手风险未得到市场的应有认识。在这次危机中，大批交易对手的信用评级被降低，相当数量的交易对手破产倒闭。2008 年 9 月，雷曼兄弟倒闭，AIG 得到美国政府挽救，使交易对手的风险达到了顶峰。

在 CDS 的交易中，买卖双方中的任何一方出现违约，都可能给未违约的对方造成损失，损失的大小取决于违约发生时 CDS 合同的按市场定价。因此，交易对手风险要给对方造成损失，必须有两个条件同时成立：① 交易一方发生违约；② MtM 对未违约的一方来说属于价内 MtM。比如，CDS 的买方出现违约，同时，CDS 的 MtM 对卖方来说属于价内 MtM（即买方欠卖方的资本利得），在这种情况下，卖方的利得将因买方违约而遭受损失，其损失的大小就等于 CDS 的 MtM，即卖方利得的大小。

用 MtM 来衡量交易对手风险损失符合金融学的一贯思想：试想 CDS 的卖方以 100 个基准点出售给买方 1 000 万美元 5 年期的 CDS 合同。两年后，同样参考实体为期 3 年的 CDS 的合同的市场价格降至 50 个基准点。如果 CDS 的买方发生违约，CDS 的卖方不得不按远低于原先 100 个基准点的价格(违约时的市场价格为 50 个基准点)来出售同样的 CDS 合同。这时，卖方的损失便等于

$$10\,000\,000 \times (1\% - 0.5\%) \times \times 息期$$

这个金额恰好就等于原 CDS 合同的 MtM。同样，我们也可以举出有关卖方违约的例子。表 15.1 列出了 CDS 交易对手风险可能出现的四种情况，同时标出了每种情况下哪一方将遭受损失。

表 15.1 交易对手风险示意

买方违约，风险加价上升 CDS 合同卖方有利损	卖方违约，风险加价上升 CDS 合同买方有利得
买方违约，风险加价下降 CDS 合同卖方有利得	卖方违约，风险加价下降 CDS 合同买方有利损

在表 15.1 中，灰色的区域代表未违约的一方因交易对手违约而将遭受损失；白色的区域则表示即使交易对手违约，因 CDS 合同是价外合同，未违约的一方也不会遭受损失。在 CDS 的实际交易中，当一方发生违约后，另一方可以选择中止 (close out) 合同，也可以选择继续该合同。比如，在卖方违约的情况下，买方可以选择继续支付 CDS 的息票率。买方选择这种做法往往是因为买方认为卖方在短期内有望矫正 (cure) 其违约行为。

一般认为，CDS 交易对手风险存在一定的不对称性，即买方的交易对手风险要比卖方更大。比如，人们认为，如果买方违约，卖方最大的风险不过是损失剩余的息票率总额；卖方一旦违约，买方将失去从卖方那里可能得到的索赔。比起 CDS 的息票率，索赔的金额可能会大得多。正是出于这个原因，买方面临的交易对手风险通常是交易对手风险关注的核心。

交易对手风险给 CDS 市场带来了重大威胁。在系统风险增加的情况下，它可能导致 CDS 市场的连锁反应，从而给市场参与人造成巨大的经济损失，甚至导致破产倒闭的连锁发生。2009 年，面对 CDS 交易对手风险的现状，CDS 市场进行了一系列的改革。其中，CDS 将由现在的柜台式的双边交易改为实行清算中心式的交易。建立清算中心后，至少在券商（清算中心成员）之间的 CDS 交易将通过清算中心进行。这样做的好处是，清算中心的成员不再承担交易对手风险，清算中心将有责任担保交易的执行，是交易对手风险的直接承担者。

在 CDS 清算中心推出以前，从买方的角度看，控制和管理交易对手的风险一般要涉及五个步骤：① 对交易对手风险作出及时评估；② 选择和交易对手风险相对应的风险控制方式；③ 决定对冲的大小或初始抵押的多少；④ 对交易对手风险进行监控，并定期要求交易对手追加（降低）保证金和增减对冲；⑤ 一旦交易对手出现违约，决定是否中止 CDS 合同并制定降低交易对手风险的策略。

在这五个步骤中，选择控制交易对手风险的方式这一环节至关重要。在 2008 年发生的次贷金融危机以前，市场的普遍做法是这样的：① 对于较高信用评级，如 AAA/Aaa 评级的交易对手，不要求卖方出具抵押。买方通过购买以卖方为参考实体的 CDS 来对冲交易对手风险。② 对于其他的交易对手则要求卖方必须出具抵押。

就出具抵押而言，市场的一般做法是要求抵押物为现金，或是和现金类似的高信用、高流动性的金融工具，如国库券等。抵押物的金额取决于卖方的资信、市场价格以及风险加价的波动。买方要求卖方出具抵押物的目的是，一旦卖方违约或破产，买方可用抵押来部分或全部抵消因卖方违约而造成的损失。

虽然提供抵押品减少了买方的交易对手风险，但增加了卖方的风险，因为提供抵押品增加了卖方的流动性风险。在风险加价大幅度波动的情况下，买方会相应提高对保证金的追加（margin calls），提高的幅度很可能使卖方措手不及，甚至不得不倾其所有，导致卖方最终可能因缺乏流动性而破产。2008年美国AIG公司就是因为交易对手要求追加保证金而出现资本匮乏，不得不向美国政府寻求巨额的资本注入。

要取得抵押品的要求权，交易双方必须在签订CDS合同之前签署ISDA主协议，同时签订抵押支持附属协议（Collateral Support Annex，CSA）。签署协议的双方必须向相关监管机构取得签署信用衍生品的许可。鉴于清算中心的成员目前只限于大券商，券商与其他交易对手的风险控制仍将主要依赖签订抵押支持附属协议来实现。

15.5 信用衍生品中的其他产品

这一节，我们介绍CDS以外的两种信用衍生品：全收益掉换、信用联系证券。

1. 全收益互换

在全收益互换（Total Return Swap）中，交易的卖方将自己拥有的某一资产或某一资产组合的全部收益转移给希望获得这些收益的买方。为此，收益互换的买方将向卖方支付购买该资产的资金成本。买方在获得该资产的全部收益的同时，也承担了该资产的全部风险，包括信用风险和市场风险。因此，从一定意义上来说，收益互换的买方又是信用保护的卖方，而收益互换的卖方则是信用保护的买方。

实际上，收益互换的买方完全可以直接购买和拥有某种金融资产来得到该资产的全部收益，而不必采取收益互换的方式。收益互换的买方之所以这样做，可能出于以下原因：首先，收益互换的买方可能没有足够的资金来直接购买某资产；其次，收益互换买方的直接借贷成本可能过高；最后，全收益掉换买方还可能因自身的投资管理条例或经营监管环境的限制无法直接投资某种资产。在大多数情况下，买方使用收益互换的主要原因是筹资。通过收益互换，买方可以在资金有限的情况下，获取投资某资产或某资产组合的全部收益。因此，收益互换是获取金融杠杆的一种方式。图 15.2 是收益互换的结构示意图。

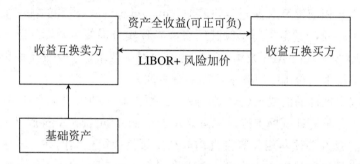

图 15.2 收益互换的结构示意图

收益互换同样给卖方带来好处。对卖方来说，通过收益互换，把某资产或某资产组合的利得和利损全部转移给了买方，但与此同时，却可以将该资产继续保留在自己的资产负债表上，从而可继续保持和有关客户的业务往来。和 CDS 一样，收益互换使卖方可以腾出资本从事新的金融业务，如增加新的贷款。此外，收益互换还可以作为管理风险的有效工具。比如，收益互换的卖方由于各种原因可能对某一公司已有过多的风险，通过收益互换，卖方可以将这种风险部分转移给买方，从而将总风险降低到可以接受的程度。

收益互换的卖方一般为大型银行，买方基本是对冲基金。收益互换的参考资产可以是任何一种资产，也可以是一个资产组合。

2. 信用联系债券

信用联系债券（Credit Linked Notes，CLN）首先是一种债券，它的发行人通过发行债券来筹集资金。但信用联系债券又不是普通债券，它和普通债券的区别是，债券持有人承担的风险不是债券发行人的风险，而是信用联系债券所参考的风险。这里参考的风险可以是某一资产，如惠普公司发行的债券，也可以是某资产组合。所以，从这个意义上说，信用联系债券是现金债券和 CDS 的结合。图 15.3 显示了典型信用联系债券的结构。

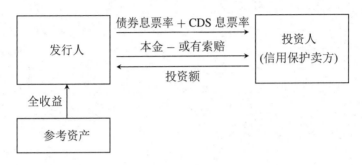

图 15.3 信用联系债券结构图

如图 15.3 所示，发行人向资本市场发行信用联系债券，投资人对该债券进行认购。发行人将发行筹集到的资金用于购买相应金额的抵押品。抵押品一般为高信用、高质量和高流动性的金融工具，如国库券等。信用联系债券的参考风险是某一资产或某一资产组合。发行人发行信用联系债券的根本目的，是将参考风险通过信用联系债券的方式转移给债券的投资人。因此，信用联系债券又可被看成有现金 CDS。在这个 CDS 当中，信用联系债券的发行人是 CDS 的买方，债券投资人则是 CDS 的卖方。当参考风险为 CDO 时，信用联系债券便构成了有现金合成 CDO 的一部分。

由于信用联系债券是 CDS 和现金债券的结合，它的息票率包含两部分：CDS 的风险加价和来自抵押品本身的息票率。一旦参考债务有违约事件发生，信用联系债券的抵押品将被变卖以赔偿 CDS 买方——信用联系债券发行人——的损失。这部分损失最终将从偿还信用联系债券时从其本金中扣除。通过这一过程，信用风险便从信用联系债券的发行人转到了债券投资人。

信用联系债券的发行人通常为金融机构或其他机构发起的特殊目的公司。在发行信用联系债券前，特殊目的公司通常要和发起人签订 CDS 合同。在这个 CDS 合同中，特殊目的公司以卖方的身份出售给买方——发起人——以信用联系债券的参考债务为参考实体的 CDS。所以，当参考债务发生违约时，信用联系债券的发行人首先要赔偿特殊目的公司的发起人，而信用联系债券投资人则会最终赔偿特殊目的公司。这样才完成了风险转移的全过程。

16 信用违约互换模型

有了前面两章的准备工作,这一章我们将对单一名称信用违约互换作全面的数量讨论。信用违约互换在信用衍生品中占据着中心地位,它的定价理论也是整个信用衍生品定价理论的中心。即便是信用组合,比如在 CDO 或者第一违约掉换产品的定价中,我们也必须知道单个信用违约互换的价格或是价格隐含的违约概率。

我们在讲述这部分内容时将遵循由普通到特殊的办法。首先会讲述信用违约互换的一般定价方法。这个定价方法其实不仅仅对于信用违约互换有效,对于一般性的具有违约风险的债券也一样有效。在理解了一般性的定价方法后,我们将把它应用到一些特例,如常数利率、常数条件违约概率,从而得到精致的闭形式的表示。闭形式的表示有助于理解在信用违约互换中变量之间的关系,而且这个闭形式还会带给我们一个非常重要的结果:平价债券的信用风险加价近似等于信用违约掉换的息票率。这个结果我们在后面的交易策略一节还会从新的角度加以理解。在解析了信用违约互换定价理论后,就可以很方便地讨论它的市场标价,以及它类似于债券理论中价格随利率呈凸性的函数形态。这些内容都有助于读者理解后面会讲述的违约互换的交易策略。最后我们将考察一些不同形态的信用曲线并说明它们的意义。

16.1 信用违约互换的一般定价原理

有了概率论的数学基础和针对衍生品的风险中性定价原理,我们终于可以将前面的理论应用到信用违约互换上来了。我们用图 16.1 来说明信用

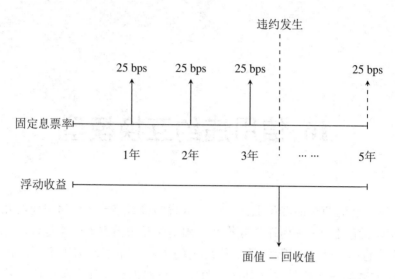

图 16.1 信用违约互换现金流

违约互换息票率的交付形式。一个信用违约互换应该有两个方向的现金流：一个是每一定的时间点上买方付给卖方的息票率；另一个是在违约的情况下卖方给买方提供的赔偿。根据具体的合同，息票率可能每年支付一次，也可能是每半年或者每季度支付一次。息票率的支付可能在每个季度初，也可能在每个季度末，还有的违约互换的息票率需要有个即期的费用再加上每年的息票率。标准的信用违约互换的息票率是每季度支付一次，且支付在 3 月 20 日、6 月 20 日、9 月 20 日、12 月 20 日发生。违约的赔偿金则一般规定为在违约的时候支付。

为了便于讨论，我们假设信用违约互换的息票率每年支付一次。等搞清楚了它的定价原理以后，再把这个假设放松就会比较容易。假设有一个在 T 时刻到期的信用违约互换，每年的息票率等于 s，而且息票率是在每年的年末支付。假定违约互换的面值是 1，回收率是 R。根据上两章讲述的原理，影响这个违约互换的现金流的随机变量是违约时间。记这个违约时间为 τ，我们来看在第 n 年年末的现金流：如果 $n < \tau$，还没有出现违约现象，那么作为购买违约互换的一方，有 s 的现金支出，记为 $-s$；如果 $n > \tau$，就是说违约已经发生过，买方卖方之间将不再有现金流；反过来，在 τ 时刻对于买方来说有 $1 - R$ 的正现金流。

这样，如果在风险中性测度下考虑问题，必然要用无风险利率来折现这些现金流。为此记

$$D_1, D_2, \cdots, D_T$$

分别为 $1, 2, \cdots, T$ 年的无风险利率下的折现因子。同时，

$$P(\tau > t)$$

代表在时刻 t 还没有违约的概率，

$$P(t-1 < \tau < t) \tag{16.1}$$

则表示违约发生在 $t-1$ 年和 t 年之间的概率。请注意，违约准确发生在任何固定的 t 时刻的概率都是零。只有讨论违约发生在某个时间段中才有意义。有了这些符号，终于可以折现息票率的现金流了：

$$sD_1P(\tau > 1) + sD_2P(\tau > 2) + \cdots + sD_TP(\tau > T)$$

为了描述违约点上的现金流，引入一个符号：

$$I_{\tau < T} = \begin{cases} 1, & \tau \leqslant T \\ 0, & \tau > n \end{cases}$$

这样，在违约点上的现金流是

$$(1-R)D_\tau I_{\tau \leqslant T}$$

这样，一个信用违约互换的总的概率加权现金流就是

$$E\big((1-R)D_\tau I_{\tau \leqslant T}\big) - sA \tag{16.2}$$

其中，

$$A = D_1P(\tau > 1) + D_2P(\tau > 2) + \cdots + D_TP(\tau > T)$$

这个数值一般可以被称为信用违约互换的年金。在普通的利率产品中也有年金的概念，它等于

$$A = D_1 + D_2 + \cdots + D_T$$

就是每年得到 1 元的折现值，也就是所有折现因子的总和。然而在有违约风险的情况下，年金就要求对生存的概率做加权，这个道理很显然，每 1 元在未来的年末如果不存在，当然就不会进入年金计算中来了。

我们再来看 $E((1-R)D_\tau I_{\tau \leqslant T})$ 这个量。仔细观察，它并不是很容易计算，因为违约时间 τ 并不是永远发生在整数时间点上。处理这个问题通常有两种办法。

（1）第一种办法是假定一旦违约发生在 $i-1$ 年和 i 年之间，那么违约赔偿金总是在时刻 i 得到。在这个假设下，求 D_τ 就容易多了。其实有

$$E(D_\tau I_{\tau \leqslant T})$$
$$\approx P(0<\tau<1)D_1 + P(1<\tau<2)D_2 + \cdots + P(T-1<\tau<T)D_T$$

所以每一年之间的违约概率就完全决定了赔偿金折现因子的计算。

（2）第二种方法就是要想办法得到违约时间的分布。一旦得到违约时间的分布密度函数，比如说 $f(\tau)$，那么有

$$E(D_\tau I_{\tau \leqslant T}) = \int_0^T D_t f(t)\,\mathrm{d}t$$

这种方法要求的不仅仅是违约的概率，还要求掌握违约时间的整体分布。我们前面讲到的约化型的模型才可以解决这个问题。

这里我们特别要计算风险中性概率测度下的违约概率。因为使用这个概率是我们为任何信用衍生品定价的前提。对于一个崭新的信用违约互换来说，在交易的初始点，其市场价格应该为零。体现在现金流上，就是在风险中性概率测度之下，所有预期息票率的折现和所有预期赔偿金的折现完全相同。反过来，如果让这两个值相等，就能够得到风险中性概率测度下的违约概率。这个概率也被称为隐含在市场价格中的违约概率。

为了推导这个隐含的违约概率，不仅需要知道一个到期时间为 T 的违约互换的息票率，还需要知道到期时间分别为 $1,2,\cdots,T-1$ 年的违约互换的息票率。首先在上面讲述的第一种假设下考虑，即一旦违约发生，赔偿金在年末得到。为了明确记号，我们把违约互换的息票率 s_i 加下标以表示这是第 i 年到期的违约互换的息票率。在此记号下，一个一年的违约互换

应该蕴含

$$s_1 D_1 P(\tau > 1) = (1-R) D_1 P(\tau \leqslant 1) = (1-R) D_1 (1 - P(\tau > 1))$$

得到

$$P(\tau > 1) = \frac{1-R}{1+s_1-R}$$

这样第一年的违约概率就得出来了。再求第二年隐含的违约概率。根据两年的违约互换决定的方程式，有

$$s_2 D_1 P(\tau > 1) + s_2 D_2 P(\tau > 2)$$
$$= (1-R) D_1 P(0 < \tau < 1) + (1-R) D_2 P(1 < \tau < 2)$$

在这个式子里，注意

$$P(1 < \tau < 2) = P(\tau > 1) - P(\tau > 2)$$

由此可以解得

$$P(\tau > 2) = \frac{(1-R) D_1 P(\tau < 1) - s_2 D_1 P(\tau > 1) + (1-R) D_2 P(\tau > 1)}{s_2 D_2 + (1-R) D_2}$$

注意这个等式的右端各项都是已知数值，尤其是 $P(\tau > 1)$ 都已经在 1 年的违约互换公式中被求得。依次类推，我们从 1 年、2 年到 T 年的违约互换中可以推导出来隐含的 1 年、2 年以至 T 年的违约概率，递推地进行这个过程就有下面的结果：

$$P(\tau > n) = \frac{\sum_{i=1}^{n-1}(1-R) D_i (P(\tau > i-1) - P(\tau > i)) - \sum_{i=1}^{n-1} s_n D_i P(\tau > i)}{s_n D_n + (1-R) D_n} +$$
$$\frac{(1-R) D_{n-1} P(\tau > n-1)}{s_n D_n + (1-R) D_n}$$

上面这些公式中的折现因子的计算使用了复利计息的方式。如果我们假定常利率，并且是每年复利计息，有如下表达式：

$$D_i = \frac{1}{(1+r)^i}$$

在连续复利计息下则有

$$D_i = e^{-ri}$$

当然在利率不是常数的情况下，上面的公式是不能被直接应用的，折现因子要从利率曲线中得到。

例 16.1 表 16.1 展示了一个特例下的各个期限的信用违约互换的价格、风险中性违约概率、折现因子及生存概率的互换关系。这里我们假定利率为常数 5%，回收率是 40%。

表 16.1 违约互换价格及风险中性违约概率

年份 i	违约互换息票率 s_i	折现因子 D_i	生存概率 $P(\tau > i)$	年金 A_i
1	0.100 %	0.952	0.998	0.951
2	0.115 %	0.907	0.996	0.904
3	0.132 %	0.864	0.993	0.858
4	0.152 %	0.823	0.990	0.814
5	0.175 %	0.784	0.985	0.772
6	0.201 %	0.746	0.979	0.731
7	0.231 %	0.711	0.972	0.691
8	0.266 %	0.677	0.963	0.652
9	0.306 %	0.645	0.951	0.613
10	0.352 %	0.614	0.937	0.575

现在我们利用 hazard rate 的概念来看一般连续的情况，即严格假定违约后的赔偿金在违约点上得到，而不是要等到当年的年末。在约化型模型 (14.11) 下，我们曾假定

$$P(\tau \leqslant t + dt | \tau > t) = \lambda(t) dt$$

并且由此得到

$$P(t < \tau) = e^{-\int_0^t \lambda(s) ds}$$

$$P(t < \tau < T) = e^{-\int_0^t \lambda(s) ds} - e^{-\int_0^T \lambda(s) ds}$$

令违约互换现金流的概率加权折现因子相等，我们有

$$sD_1 e^{-\int_0^1 \lambda(s)ds} + sD_2 e^{-\int_0^2 \lambda(s)ds} + \cdots + sD_T e^{-\int_0^T \lambda(s)ds}$$
$$=(1-R)\int_0^T D_t \lambda(t) e^{-\int_0^t \lambda(s)ds} dt$$

如果假定无风险利率的整体结构是个常数，我们就应该有

$$se^{-r}e^{-\int_0^1 \lambda(s)ds} + se^{-2r}e^{-\int_0^2 \lambda(s)ds} + \cdots + se^{-Tr}e^{-\int_0^T \lambda(s)ds}$$
$$=(1-R)\int_0^T e^{-rt}\lambda(t) e^{-\int_0^t \lambda(s)ds} dt$$

有两种办法来使用上面的这个公式，第一种是在给出了约化系数函数 $\lambda(t)$ 以后，就可以用上面的公式计算出第 i 年到期的信用违约互换的合理的息票率 s_i。第二种办法更为重要，如果知道了所有时间点上的信用违约互换的息票率，就可以依次求出函数 $\lambda(t)$。这个过程的重要性在于，在市场上可以被观察到的是信用违约互换的息票率，而不是隐含于价格函数之中的约化型的系数函数。

当然，仅仅是离散点上的违约互换息票率不能得到唯一的函数 $\lambda(t)$ 的形式，市场上常用的方法是假设函数 $\lambda(t)$ 在每一年内为常数。比如

$$\lambda(s) = \lambda_i, \quad i-1 \leqslant s < i$$

这样的话，有

$$\int_0^k \lambda(s)ds = \lambda(1) + \lambda(2) + \cdots + \lambda(k)$$

而且在实际的应用中，为了方便，如果还像以前那样假定违约出现在第 k 年和第 $k+1$ 年之间的话，我们在第 $k+1$ 年才能够取得赔偿金。在这种假设下，上面的公式就要改写为

$$se^{-r}e^{-\int_0^1 \lambda_s ds} + se^{-2r}e^{-\int_0^2 \lambda_s ds} + \cdots + se^{-rT}e^{-\int_0^T \lambda_s ds}$$
$$=(1-R)e^{-r}P(0<\tau\leqslant 1) + (1-R)e^{-2r}P(1<\tau\leqslant 2) + \cdots +$$
$$\quad (1-R)e^{-rT}P(T-1<\tau\leqslant T)$$
$$=(1-R)e^{-r}e^{-\lambda_0} + (1-R)e^{-2r}\left(e^{-\lambda_0} - e^{-\lambda_0-\lambda_1}\right) + \cdots +$$
$$\quad (1-R)e^{-rT}\left(e^{-\sum_{i=0}^{T-1}\lambda_i ds} - e^{-\sum_{i=0}^{T}\lambda_i ds}\right)$$

这个求 λ_t 的过程是非常直接的。其实如同我们在离散的情况那样，求出了所有的违约生存概率以后可以很容易地换算出来。图 16.2 就是我们用表 16.1 中的生存概率计算出来的分段常数的 hazard rate。

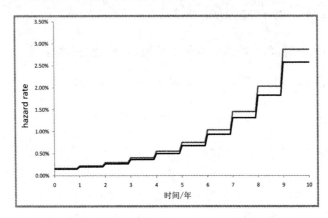

图 16.2 hazard rate

在上面的计算中，假定违约发生在年中间，那么假定赔偿金收入在年末。这个假定虽然是个不错的近似，但是毕竟与现实不尽相符。为了使我们的表达式更能反映现实的一般情况，我们也希望求出更精确的 hazard rate。其实这并不困难。比如，我们仍假设利率为常数 r，且一年的违约互换的违约赔偿的现金流应该是

$$(1-R)\frac{\lambda}{\lambda+r}(1-e^{-r-\lambda}) \tag{16.3}$$

而不是在曾经假设下的 $(1-R)(1-e^{-\lambda})e^{-r}$。读者也可以自行推导出长于一年的违约互换现金流的公式。现在我们就来比较一下在原先的假设下得到的 hazard rate 和在现在精确假设下得到的 hazard rate 的区别。

如图 16.2 所示，明显看到，在精确假设下得到的 hazard rate 要低于在年末得到违约赔偿金的假设下得到的 hazard rate。这是因为前一种情况违约赔偿金一定会到来得早，但两者关于息票率支付时间和方式的假设却都一样，所以为了使得初始的违约互换总现金流的折现为零，违约应该来得慢一些。

16.2 信用违约互换的闭形式模型

利用前几节的理论，这一节我们将给出一个简单的信用违约互换的闭形式公式。这个模型可以帮助我们在简化的假设下更深刻地理解一些问题，对理解信用违约互换的各个量之间的关系，尤其是后面讲到的信用交易策略，会有所帮助。读者切记，在实际工作中这些模型就显得过分简单了。

首先，让我们作如下假设：利率是个常数 r，每年的条件违约概率是常数 p，违约回收率为常数 R，在信用违约互换中每年的息票率是 s。根据假设有

$$P(\text{违约发生在第 } n \text{ 年和第 } n+1 \text{ 年之间} \mid \text{没有违约发生在第 } n \text{ 年以前}) = p$$

这样可以推导出

$$P(\text{在第 } n \text{ 年以前没有违约的事件发生}) = (1-p)^n$$

由此可见，违约发生在第 n 年的概率就是

$$P(\text{违约发生在第 } n \text{ 年}) = (1-p)^{n-1} p$$

先考虑第一种情况：假定息票率在每年的年初支付，而且一旦违约触及，赔偿会在当年的年底收到。这时候一个 n 年的违约互换的息票率的折现值就等于

$$s + \frac{s(1-p)}{1+r} + \frac{s(1-p)^2}{(1+r)^2} + \cdots + \frac{s(1-p)^{n-1}}{(1+r)^{n-1}} \tag{16.4}$$

另一方面，违约互换的赔偿金的折现因子就等于

$$\frac{(1-R)p}{1+r} + \frac{(1-R)p(1-p)}{(1+r)^2} + \cdots + \frac{(1-R)p(1-p)^{n-1}}{(1+r)^n} \tag{16.5}$$

将式 (16.4) 和式 (16.5) 结合起来，就得到信用违约互换买方的现金流折现值：

$$\left(s - \frac{(1-R)p}{1+r}\right)\left(1 + \frac{1-p}{1+r} + \cdots + \frac{(1-p)^{n-1}}{(1+r)^{n-1}}\right)$$

由此可以看到，当

$$s > \frac{(1-R)p}{1+r}$$

时，这个现金流是正的；当

$$s < \frac{(1-R)p}{1+r}$$

时，这个现金流就是负的；当

$$s = \frac{(1-R)p}{1+r}$$

时，这个现金流的值是零。考虑到一个信用违约互换的初始时点上现金流的折现因子必须等于零，所以我们就应该有上面的等式。而且这个式子说明信用违约互换的息票率应等于预期损失率的折现值。特别的，当 $r = 0$ 时，上面的式子就简化成为

$$s = (1-R)p$$

而当 R 也等于零时，就有 $s = p$。最后这个式子非常直观地表明了信用违约互换的息票率和条件违约概率的关系。作为一个崭新的违约互换的合同，理论上的价值是零，就是说风险中性条件违约概率等于违约互换的息票率。息票率越高，风险中性的违约概率就越大，息票率越低，风险中性违约概率就越小。请注意，上面的公式也可以修正到允许违约互换的息票率在每年、每季度或者每月一支付的情况。

现在考虑第二种情况：信用违约互换的合同要求在每年年末付款。作为违约互换的买方，由于每年年末都要付款，所以所付的款项的总和就应该是

$$\frac{s(1-p)}{1+r} + \frac{s(1-p)^2}{(1+r)^2} + \cdots + \frac{s(1-p)^n}{(1+r)^n}$$

一方面，由于违约所带来的收益是

$$\frac{(1-R)p}{(1+r)} + \frac{(1-R)p(1-p)}{(1+r)^2} + \cdots + \frac{(1-R)p(1-p)^{n-1}}{(1+r)^n}$$

所以信用违约互换买方的现金流折现值就为

$$\left(s - \frac{(1-R)p}{1-p}\right)\left(\frac{1-p}{1+r} + \cdots + \frac{(1-p)^n}{(1+r)^n}\right)$$

这样，在违约互换的初始点上应该有

$$s = \frac{(1-R)p}{1-p} \tag{16.6}$$

反过来，
$$p = \frac{s}{1+s-R} \qquad (16.7)$$
作为简化，在回收率 $R=0$ 时，
$$s = \frac{p}{1-p}, \quad p = \frac{s}{1+s}$$

下面我们再看连续情形的理想情况下的公式。这时利率将是连续复利，信用违约互换的息票率也是连续地付出。为此需要假设 hazard rate 是个常数 λ。在时刻 t 和 $t+dt$ 之间，息票率应该是 $s\,dt$。同时，在这个时间区间上违约发生后的赔偿金应该是 $(1-R)\lambda e^{-\lambda t}dt$。从而所有的在时刻 T 以前的息票率应该是
$$\int_0^T e^{-\lambda t}se^{-rt}dt = s\frac{1-e^{-(\lambda+r)T}}{\lambda+r}$$
而所有的在时刻 T 以前的赔偿金应该是
$$\int_0^T (1-R)e^{-\lambda t}\lambda e^{-rt}dt = \lambda(1-R)\frac{1-e^{-(\lambda+r)T}}{\lambda+r}$$
这样信用违约互换的买方的现金流折现值就等于
$$(\lambda(1-R)-s)\frac{1-e^{-(\lambda+r)T}}{\lambda+r} \qquad (16.8)$$
我们看到，如果
$$s < \lambda(1-R)$$
信用违约互换的现金流折现值是正的；如果
$$s > \lambda(1-R)$$
则信用违约互换的现金流折现值是负的；如果
$$s = \lambda(1-R) \qquad (16.9)$$
信用违约互换的现金流是零。综合上面这三种情况，就得到了在简化了的假设下违约互换的定价公式。通常市场中上面的假设都不成立。比如利率不会都是常数，hazard rate 也不会是常数，所以隐含的违约概率也不会是常数。但是通过上面的例子，我们可以加深对信用违约互换价格的性质的理解，并且可以直观地看到信用违约互换价格和风险中性概率之间的关系。

16.3 有违约风险的债券

在前面的章节里,我们已经讲过无风险债券的定价,原则就是对所有未来现金流用无风险利率折现。我们现在来研究有违约风险债券的定价问题。有风险的债券一般指公司发行的债券,有时候也可以是 CDO 等结构性金融产品。这些证券的一个特征是:息票率是固定的,支付的时间是固定的,本金的偿还时间也是固定的。但是一旦出现违约,本金和息票率都停付,投资能收回多少也取决于回收率的大小。图 16.3 显示了债券的现金流。在这里,我们假设债券本金为 100 元,每年的固定利息为 5 元,期限为 5 年,且利息每年支付一次,支付时间在每年的年末。

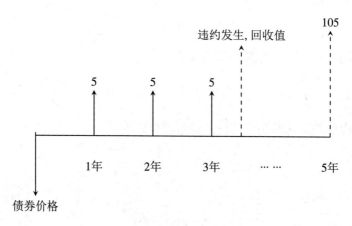

图 16.3 可违约债券现金流

我们现在使用在信用违约互换中的方法讨论债券的价格与债券违约概率之间的关系。为此假设债券的息票率为 c,息票率是每年年末支付一次,债券的本金是 1 元,到期时间是第 n 年的年末,今天的价格是 V。债券违约时间为随机变量 τ。D_t 还是在无风险利率下的折现值,R 是违约情况下的回收率。根据信用违约互换一节推导的原则,应该有

$$V = cD_1 P(\tau > 1) + cD_2 P(\tau > 2) + \cdots + (c+1)D_n P(\tau > n) + E(RD_\tau I_{\tau < n})$$
$$= cA + RE(D_\tau I_{\tau < n})$$

其中,A 还是我们所熟悉的违约概率折现的年金。进一步还可以推导出债

券的价格、息票率以及违约概率之间的关系。这些推导非常容易,这里不再赘述。

我们感兴趣的是在利率为常数的情况下,债券的闭形式模型是什么样子。如果假定无风险的利率是常数 r 的话,应该有

$$V = \left(c + \frac{Rp}{1-p}\right)\left(\frac{1-p}{1+r} + \cdots + \frac{(1-p)^n}{(1+r)^n}\right) + \frac{(1-p)^n}{(1+r)^n}$$

现在我们推导最有价值的一个公式。当一个债券是平价交易的时候,债券的息票率 c、它的违约概率 p 和同样到期时间的信用违约互换的息票率 s 之间的关系应该是什么呢?由于债券是平价交易 $V = 1$,所以有

$$1 = \left(c + \frac{Rp}{1-p}\right)\left(\frac{1-p}{1+r} + \cdots + \frac{(1-p)^n}{(1+r)^n}\right) + \frac{(1-p)^n}{(1+r)^n}$$

考虑到一个虽然有违约风险但回收率为 100% 的债券的价格应该是平价这个事实,我们有

$$1 = \left(r + \frac{(1+r)p}{1-p}\right)\left(\frac{1-p}{1+r} + \cdots + \frac{(1-p)^n}{(1+r)^n}\right) + \frac{(1-p)^n}{(1+r)^n}$$

所以容易看到

$$c = r + \frac{1 + rp - Rp}{1-p} \tag{16.10}$$

对比式 (16.10) 和上节信用违约互换中式 (16.6) 的关系,可以看到

$$c = r + \frac{1 + rp - Rp}{1-p} > r + \frac{(1-R)p}{1-p} = r + s$$

其实在 r 很小可以忽略不计的时候有 $c = r + s$。这恰恰说明了我们反复强调的公司债券和违约互换之间的密切关系。这也就是说有违约风险的债券息票率由两部分组成,一部分是无风险利率,另一部分则是反映了违约风险的风险加价。

16.4 信用违约互换按照市场标价

一个信用违约互换的初始市场价格应该是其两端的现金流折现值的差。一端是违约互换的息票率的折现值,一端是违约赔偿金的折现值,不过这

里的折现值都是被违约概率加权平均过的。根据定义，信用违约互换初始的市场价格是零，这体现了无套利条件下的公平交易原则。一旦市场发生了变化，违约互换的市场价格也会发生变化，而不再是零。在信用违约互换的交易中，根据会计准则，持有信用违约互换的市场参与人必须对违约互换按市场标价，这个过程就是前面提到的 Mark to Market（MtM）。

现在就让我们来看一下如何为已经存在的信用违约互换按市场标价。其实标价的原则我们早就知道，违约互换的价格还应该是所有的正负现金流的折现值之和。一个已经存在的信用违约互换最初是什么时候签订的其实我们并不关心，我们所关心的是这个违约互换还有几年到期，每年的息票率是多少。假定还有 k 年到期，原来的息票率是 s。为了给这个违约互换定价，我们需要考虑一个崭新的 k 年到期的违约互换，并用其今天的息票率价格 s' 来评估。显然从买方角度来说，原来的违约互换现金流的折现值应该是

$$(1-R)E(D_\tau I_{\tau<n}) - (sD_1P_1 + \cdots + sD_kP_k) \qquad (16.11)$$

这里的 D_i 是折现因子，P_i 是在第 i 年还没有发生违约的概率，τ 是违约发生的时间。请注意，这里的违约概率一定是根据今天的违约互换息票率 s' 隐含计算出来的。进一步，今天崭新的违约互换的价格应该是零，所以有

$$(1-R)E(D_\tau I_{\tau<n}) = (s'D_1P_1 + \cdots + s'D_kP_k) \qquad (16.12)$$

将式 (16.12) 代入式 (16.11)，便得到该违约互换的按市场标价：

$$(s'-s)(D_1P_1 + D_2P_2 + \cdots + D_kP_k) = (s'-s)A \qquad (16.13)$$

这里通过新的违约互换，我们就把不容易处理的 D_τ 替换掉了，取而代之的是新的违约互换的息票率和在新的违约互换下的年金。在市场上，有的时候为了简单起见，大家不去计算新的风险中性违约概率的年金，而是以原来的年金作为近似。这样，在上面的公式中新的违约互换的息票率就成为已经存在的违约互换市场标价的唯一因素。通过这个观点我们看到，一个违约互换的市场价格是随着与这个违约互换同时到期的新的违约互换的息票率变化的。当息票率增加时，从买方角度来说，原违约互换的价格就上升了；当票息减少时，原违约互换的价格就下降了。而且，息票率增加或减少的部分和违约概率加权年金的乘积，就是原违约互换的市场价格的一

个近似值。但是，用没有按照市场价格调整过的年金来计算违约互换的市场价格毕竟只是个近似，在市场价格出现比较小的波动时，这个近似还可以，但在市场价格出现大的波动时，用这个近似就比较粗糙了。如果我们将实际精确的价格和这个近似的价格加以比较，就会发现所谓的价格凸性现象。这个现象应该和债券价格理论中的凸性现象很类似。

让我们来看一条信用曲线。年复利的利息是 5%，回收率是 40%。这条曲线的不同到期日的息票率、折现因子、生存概率以及年金都列在下面的表 16.2 里。我们现在让第五年的信用违约互换的息票率变动 10 个基准点，就是 0.10% 这么多，然后计算新的生存概率和年金并列于表 16.2 中。

表 16.2 信用违约互换价格凸性

年份	信用曲线	折现因子 (D_i)	生存概率 (P_i)	年金曲线	新信用概率	新生存概率	新年金价值
1	0.50 %	0.95	0.992	0.943	0.50 %	0.992	0.943
2	0.55 %	0.90	0.982	1.832	0.55 %	0.982	1.832
3	0.60 %	0.86	0.970	2.667	0.60 %	0.970	2.667
4	0.65 %	0.82	0.957	3.451	0.65 %	0.957	3.451
5	0.70 %	0.78	0.943	4.185	0.60 %	0.951	4.192

按照近似算法，第五年的违约互换的价格应该是

$$0.10\% \times \sum_{i=1}^{5} D_i P_i \times 面值 = 0.10\% \times 4.1918 \times 1\,000\,000 = 4\,192 \quad (16.14)$$

但如果用精确方法计算，我们必须用新的信用曲线下的生存概率和年金，这样得到的信用掉换的价格变化是

$$0.10\% \times \sum_{i=1}^{10} D_i P_i \times 面值 = 0.10\% \times 4.1849 \times 1\,000\,000 = 4\,185 \quad (16.15)$$

这个近似值和精确值的差就是

$$4\,192 - 4\,185 = 7 \quad (16.16)$$

在现实情况下，第五年的息票率的变动可能会上升，也可能会下降。那么，是否近似值和精确值的差也有时是正有时是负呢？而且当违约互换的息票

率变化20个基准点的时候,是不是近似值和精确值相差12.8美元呢(即两倍于上面的计算)?情况并不是这样。实际上,精确值和近似值的差永远都是正的,而且随着违约互换的息票率的增加,精确值和近似值的差比线性的增加还要大得多。我们从精确值和近似值的差(图16.4)就明显地看出凸性了。

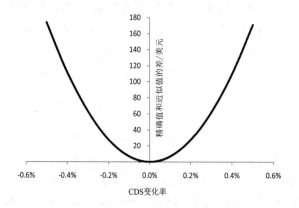

图 16.4 违约互换价格和凸性

这个凸性的图说明,用近似值来求得的信用违约互换的价格实际上永远要高于精确价格。比如信用曲线向上移动,信用违约的概率要增加,生存概率要减少,年金会减少,所以用原先的违约概率去求年金就造成了对价格的向上的偏差。同理,如果信用曲线向下移动,说明信用违约的概率要减少,生存概率要增加。但是新旧曲线息票率差是负的,所以也造成了近似值高于精确值。这个凸性原则在市场交易的时候会对交易员有帮助。在市场上,交易员常常会利用凸性原则对违约互换的价格做出自己的判断,帮助交易。

另外,如同债券理论中的久期定义一样,我们可以考虑信用违约互换的久期。其定义就是信用违约互换的市场标价随信用违约互换息票率的变化率。我们上面已经看到,信用违约互换的市场标价在其息票率变化下的变化是

$$(s'-s)(D_1P_1+D_2P_2+\cdots+D_kP_k)=(s'-s)A \tag{16.17}$$

所以根据久期的定义，信用违约互换的久期应该是

$$D_1P_1 + D_2P_2 + \cdots + D_kP_k = A \tag{16.18}$$

换句话说，信用违约互换的久期就是信用违约互换的年金。

16.5 信用曲线的特征

信用曲线就是指由不同到期时间的信用违约互换的息票率所组成的曲线。这是个很重要的概念，同时也是重要的市场指标，相当于利率产品中的利率曲线。我们可能都知道，利率曲线含有非常明确的金融市场甚至整个经济的信息，信用曲线则反映了市场对某个债券的发行实体的短、中、长期的信用预测。

信用曲线应该满足什么样的性质呢？信用曲线应该逐渐上升，保持水平还是逐渐下降？对于这些问题，有读者可能会说信用曲线应该是上升的，因为信用累计违约概率越来越大。的确，信用累计违约概率会越来越大，但是这并不表明信用曲线绝对上升。

1. 水平的信用曲线

首先观察一个水平的信用曲线（图 16.5）。在这条信用曲线下，每个违约互换的息票率都是 60 个基准点。我们来计算它隐含的生存概率。为此，假设回收率是 40%，无风险利率是 5%。计算结果显示，违约生存的概率近乎一条向下的直线，而每年的 hazard rate 是个常数。这说明水平的信用曲线隐含每年的条件违约概率相同，所以 hazard rate 是常数，而生存概率则每年以近乎固定的速度下降。

其实，这个现象并不奇怪。我们在"信用违约互换的闭形式模型"一节就给出了这个结果。在那一节，我们假设了常数的 hazard rate，并得到在这个假设下的结论：信用违约互换的息票率也是常数。

2. 上升的信用曲线

一般的信用曲线呈上升的趋势，也就是说，两年的信用违约互换的息票率比一年的信用违约互换的息票率高，而三年的信用违约互换的息票率

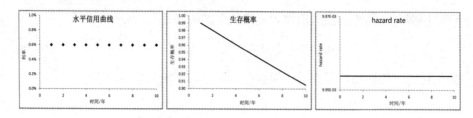

图 16.5 水平的信用曲线

比两年的信用违约互换的息票率高。同时观察所有的 hazard rate 构成的曲线我们也会发现，实际上 hazard rate 也呈上升趋势（图 16.6）。上升的信用曲线说明，时间越长，市场对违约的风险需要得到的补偿越大，所以未来每一年的违约概率越高，隐含的 hazard rate 越大，而累计生存的概率应该加速下降。

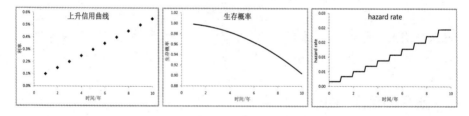

图 16.6 上升的信用曲线

这种上升的信用曲线其实适用于大多数信用尚为良好的公司。它们一般短期内违约的可能性不是很大，但是中长期违约的可能性会增加。

3. 下降的信用曲线

最后是下降的信用曲线。由前述可知，其 hazard rate 也呈下降趋势，同时累计生存概率虽然会下降，但是下降趋势递减。

一般下降的信用曲线多是那些近期信用非常不好的公司，短期内非常可能破产，一旦熬过去，未来破产的可能性会逐渐下降。

现在我们看两个具体公司的信用违约互换曲线。首先是 AIG 公司。它在 2009 年 4 月下旬的信用曲线如图 16.8 所示。这个曲线显示出 AIG 公司在短期内破产的可能性极大。和它情况相反的一个案例是 Air Products 公司，其信用曲线是一条比较正常的上升曲线（图 16.9），反映了这个公司短期内良好的信用情况。

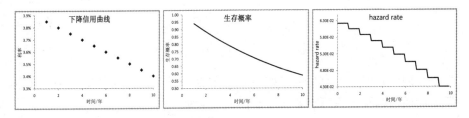

图 16.7 下降的信用曲线

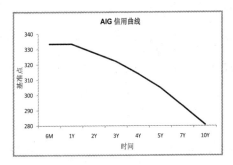

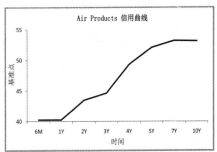

图 16.8 AIG 信用曲线　　　　　图 16.9 Air Products 信用曲线

4. 远期违约互换

最后我们研究远期违约互换的概念。这个概念在利率衍生品中就是远期利率掉期。它的含义是，我们在未来某一天进入一个违约互换，比如一年以后进入一个五年的违约互换。远期的违约互换也应该有息票率，而且这个息票率的价值就是我们所说的远期违约互换的息票率。现在，我们试图求出这个远期息票率值。为了明确起见，我们重复几个符号：用 s_n 来代表在 n 年到期的违约互换的息票率，当然 s_k 就是在 k 年到期的违约互换的息票率；用 A_n 来标记 n 年到期的违约互换的年金，所以 A_k 就是在 k 年到期的违约互换的年金；还是用 D_n 来标记在第 n 年的折现因子；同时用 τ 来表示违约发生的时刻，D_τ 就表示违约时的折现因子，$I_{\tau<n}$ 表示违约发

生在第 n 年内，回收率仍用 R 来表示。这样 n 年和 k 年到期的信用违约互换的风险中性折现值就应该分别满足：

$$s_n A_n = (1-R) E(D_\tau I_{\tau<n}) \tag{16.19}$$

$$s_k A_k = (1-R) E(D_\tau I_{\tau<k}) \tag{16.20}$$

如果我们假设时间上有先后，即 $n < k$ 的话，一个在 n 年开始、在 k 年到期的远期违约互换的息票率 $s_{n,k}$ 显然应该满足

$$s_{n,k}(A_k - A_n) = (1-R) E(D_\tau I_{n<\tau<k}) \tag{16.21}$$

我们做一些初等的推导就有

$$\begin{aligned} s_{n,k}(A_k - A_n) &= (1-R) E(D_\tau I_{n<\tau<k}) \\ &= (1-R) E(D_\tau I_{\tau<k}) - (1-R) E(D_\tau I_{\tau<n}) \\ &= s_k A_k - s_n A_n \end{aligned}$$

整理后得到

$$s_{n,k} = \frac{s_k A_k - s_n A_n}{A_k - A_n} \tag{16.22}$$

这就是一个远期违约互换的价格的表示。这个远期信用曲线给我们的启示是：

（1）在水平的信用曲线状态下，显然所有违约互换的息票率就应当相同，即有 $s_n = s_k$，根据式 (16.22) 就应该有

$$s_{n,k} = \frac{s_k A_k - s_n A_n}{A_k - A_n} = s_n = s_k \tag{16.23}$$

这个结果说明所有的远期信用违约互换的息票率都应该相同。直观上讲，市场对这个特定的信用的任何未来时刻的违约程度的期望都是一样的。

（2）在上升的信用曲线状态下，就应该有 $s_k > s_n$，所以根据式 (16.22) 就会有

$$s_{n,k} = \frac{s_k A_k - s_n A_n}{A_k - A_n} > s_k > s_n \tag{16.24}$$

这样就看到，从第 n 年开始、在 k 年到期的远期违约互换的息票率要大于第 k 年和第 n 年的违约互换息票率。它说明市场上对于这个信用未来违约

的期望要比短期内违约的期望大。这就验证了我们前面对上升的信用曲线的描述。

（3）最后我们看下降的信用曲线的情况。此时有 $s_k < s_n$，根据式 (16.22) 就有

$$s_{n,k} = \frac{s_k A_k - s_n A_n}{A_k - A_n} < s_k < s_n \tag{16.25}$$

这样就看到，从第 n 年开始、在 k 年到期的远期违约互换的息票率要小于第 k 年和第 n 年的违约互换息票率。它说明市场对于这个信用未来违约的期望要比短期内违约的期望小。这也又一次验证了我们前面对下降的信用曲线的描述。

17 金融中的数学模型

到现在为止，我们用了很多篇幅向读者系统介绍了利率衍生品和信用衍生品的数量模型。无论是基本的 Black-Scholes 公式还是信用衍生品模型，量化模型已成为衍生品风险分析和市场定价所不可或缺的工具。衍生品发展至今，没有数量模型的出现和发展是不可能的。一种被市场普遍接受的数量模型既是市场参与人相互沟通的媒介，也是交易对手最终成交的基础。

然而，数量模型毕竟是一种工具。像所有的工具一样，它既有着自己的独特价值，又有着不可避免的各种缺陷。令人遗憾的是，在2008年金融危机之前，人们对量化模型的迷信曾经在华尔街占了主导地位，过分依赖模型的现象比比皆是。然而在2008年危机之后，另一种极端似乎又隐约出现，那就是对模型的一概排斥和不假思索地摒弃。

我们认为，任何模型都是模型人员的主观产物。模型人员对模型的基本功能和自身局限的认识，直接关系到模型的正确与否，更关系到模型是否有效。一个好的模型人员应该懂得自己模型的功能，同时也应该深谙模型的局限。

为此，了解定价模型的原则至关重要。本章将就定价模型的几个原则问题进行一些初步的探讨。

17.1 衍生品定价的原则

今天，数学模型在金融领域的应用已十分广泛。正因为它应用的广泛性，所以很难用非常精简的语言来对金融模型的目的及功效作原则性的描述。这里我们试图从几个不同的侧面来综述数学模型在衍生品定价和交易中的几个基本特征，希望这样做对读者可以有所启发。

1. 模型依功能分类

根据模型在金融领域里的作用，现有的数学模型大概可以分成四类。

第一类模型试图对未来证券价格的走势作出判断和预测。这类模型所依据的方法来有自经济学或统计学上的模型，比如股票分析中的技术分析，各种借助历史数据的统计分析等。这些模型的代表有房贷按揭提前还款模型、短期利率预测模型、股票波动率估计模型，以及关于货币兑换率的预测模型等。这些模型通常被交易员用于实际交易以达到赚钱的目的。在市场上依赖统计学原理的交易模型或所谓高频交易模型就是这类模型的代表之一。这种模型需要利用计算机进行大量的计算，同时利用计算的结果进行快速的交易（通常是十分之一秒，甚至更短）。这类模型的目的不是为特定的衍生品定价，同时它们也不能够制定（严格意义下）套利的策略或者是为衍生品的对冲复制提供方法。所以它们并非是本书的主要讨论对象。

第二类模型的主要目的是对金融产品包括衍生品的风险进行分析，比如对金融机构资产组合的风险作出判断。鉴于一般金融机构的资产包罗万象，且可能结构复杂，没有非常简洁的方法估计其风险，普遍的方法是对各种资产的未来收益作 Monte Carlo 模拟，然后计算出资产组合的损益分布。有了损益的概率分布，便可以计算出相对应的各个置信度区间的损益。通常，建立概率分布的方法是以资产价格的历史数据分布为基准。虽然这种方法在华尔街的金融机构的风险管理部门被广泛应用，但是它同样不具备为衍生品定价的功效。

第三类模型主要是为了对弱流动性金融衍生品定价。在美国会计准则中，对于市场上没有流动性的金融资产允许用数学模型为其定价，但是模型本身的参数应该尽可能地参考市场上流动性较强的产品。许多金融机构对这些产品没有频繁交易的需要，一般是在资产负债表上长期持有。但根据会计准则的要求，金融机构特别是银行必须对这些资产的市场价格予以确定并定期上报。在价格因缺少流动性而无法观察的情况下，就需要用模型来为产品标价（mark to model）。这个想法的初衷是通过模型把市场上可观察到的一些参数反映到资产价格中。换句话说，就是通过模型和可观察到的市场流动性较强的衍生品价格，反映出流动性较差的衍生品的价格。对这种模型的基本要求不是对金融产品的未来价格进行预测，而是建立流动性较强的衍生品和流动性较弱的衍生品之间的联系，从而提供衍生品的定价基础。

第四类模型的主要目的是复制衍生品的收益特征，同时计算复制衍生品过程的成本。这个成本本身应该成为衍生品价格的重要依据。作为一个衍生品，其收益如果可以被流动性很强的其他市场产品的收益复制的话，根据无套利的原则，它们的价格应该是相同的。这里，复制可以是一次性的静态复制，也可以是多次动态复制。但是它们遵循的原则应该一致，即复制过程中的成本应作为衍生品的价格。当然，通常还必须考虑在此基础上可能的风险价差。我们认为，能够确定复制过程的模型一般来说是模型中的典范，也是华尔街计量工作者的最终追求目标。华尔街的投资银行中的产品部门，可能要出售许多复杂的衍生品，但是一般的做法是，银行本身不承担收益不确定性带来的风险，为此银行需要对冲风险。这就是衍生品的对冲的研究在衍生品的研究中如此重要的原因。

2. 模型依产品流动性分类

从市场流动性程度来说，衍生品可以分成具有强流动性和具有弱流动性，甚至于完全没有流动性三种。对于强流动性的产品，其衍生品的价格多是市场交易的结果，反映了供给和需求的平衡。虽然供需双方在进入市场之前会对该衍生品的价格有自己的看法，但这个平衡并不是交易员通过计算而制定并实施的价格。这些产品的代表有股票指数远期、股指的看涨看跌期权，利率产品中的利率掉期和信用产品中的违约互换等。具有弱流动性的产品的价格往往是由十分有限的市场供需决定。由于供需有限，市场中间商通常不得不参考其他相关产品的价格，确定出合适的市场价格。这里代表性的产品有虚值期权、新型期权等。完全没有流动性的产品多是那些为了客户量体裁衣制作的衍生品。

针对这三种不同的情况，衍生品的定价原则往往也有三种体现。在第一种情况下，产品本身并不需要定价，因为市场已经给出了衍生品的价格。但是这并不意味着寻找定价的方法没有意义，其中一个意义就在于对冲或套利的需要。一个银行或者基金总是希望尽量降低自己的金融资产收益的不确定性，从而带来比较稳定的收益。为了达到这个目的，这些金融机构往往要对冲某些风险。在对冲的过程中就需要知道：① 用什么产品来对冲，② 用多少来对冲。回答这两个问题都需要模型人员找到衍生品内在的关系，这就是一种定价的过程。所以找到一种方法能够把市场上现有的强流动性产品的价格原原本本复制出来，就是定价的第一步。

对于那些具有弱流动性的衍生品，由于市场上的供需有限，人为定价的因素就成了定价的一部分。这个时候我们需要启动定价的模型，以便为产品定价提供一定的指导。但是这个模型本身需要的参数和变量应该如何设定呢？比如我们可能有一种关于某个信用的比较复杂的信用衍生品，并不是常见的信用违约互换，其收益也依赖于违约事件的发生。在这种情况下，我们可以用 Monte Carlo 模拟来定价。但是 Monte Carlo 模拟也需要违约概率的估计。应当用什么概率呢？它不应是历史概率，也不应当是分析人员统计预测的概率，它必须是市场上该参考实体的风险加价或信用违约互换息票所隐含的违约概率。这个过程的逻辑是：如果我们有一个方法，或是一个算法，或是一种理论，能够解释一个金融产品的价格，那么沿袭这个算法，在同样的假设条件下，应用于与之相关的金融衍生品时就应该能得到近似或者正确的价格。举个简单的例子。如果我们有一种方法能比较准确地计算股票 A 的执行价格为 100 元的看涨期权价格，我们就会比较有信心在同样假设条件下用同样的方法去计算股票 A 的执行价格为 110 元的看涨期权价格，而且我们还会比较有信心地在同样假设下用同样的方法去计算股票 A 的执行价格为 90 元的看涨期权价格。熟悉股票期权理论的读者可能知道，这里的重要假设就是波动率。事实上波动率还有偏态的表现，所以这个方法只是一个近似的算法。

最后，对于完全没有流动性的产品，在完全没有市场价格支持的情况下该如何定价呢？什么又是一个合理的价格呢？换句话说，什么价格是太高了，什么价格又是太低了呢？这其实是个仁者见仁、智者见智的问题。一般来讲，一个原则是，如果这个产品可以被另外有流动性的金融产品或金融产品的组合完全复制，这个没有流动性产品的价格就应该是相应的复制成本。有时候为了复制这个产品，需要不断地交易，那么所有累计的交易成本也就应该构成价格的一部分或者全部。这个过程很像是为了计算一件成衣的价格，我们只需计算从布料、裁剪、运输到关税等的所有成本的总和。

3. 对衍生品定价模型的一般错误理解

在金融业里，甚至是在一些专业的分析人员中，存在有许多对衍生品模型不正确或不准确的理解，在我们看来，具有代表性的主要有下面几点：

第一，"数学模型可以预测证券价格的未来，从而达到为衍生品定价的作用"。持这种观点的人没有理解衍生品模型的历史发展和现状。我们前面提到过，的确有些模型试图对未来的证券价格作出预测，但它们都不是试图为衍生品定价。许多证据表明，在成熟和开放的市场条件下，对中长期市场走向的预测与其说是科学，不如说更像一种艺术。当然这不表明人们不应该表达对未来的看法，而是通过模型预测未来还没有达到科学所要求的可检验和可重复的标准。即使是那些以统计学为基础的高频交易模型，也只是在极其短暂的时间内才有效，而对中长期的证券价格不能作任何的预测。由于任何对未来价格的预测都可能和实际实现的价格有大的偏差，如果衍生品的定价过分依赖于这样的模型，衍生品的定价本身必然会带有强烈的主观性，从而会造成一个产品多种价格的局面。

第二，"数学模型即使不能预测未来的价格，也还是可以对未来的基础资产价格的概率分布作出判断，从而计算衍生品价格的期望"。这个观点的错误在于混淆了我们常说的风险中性概率分布和现实世界中的概率分布的区别。对风险中性概率分布的一种理解是：资产的平均增长率就是无风险利率。显然，如果现实世界的概率分布是这样的话，世界上就没有衍生品投资人了，因为还不如投资国债，并且还没有任何信用风险。理解这个问题的最有意义的例子是关于股票远期的定价问题。股票的远期价格对于一个没有很好理解衍生品概念的人来讲，可能会被理解成为某种对未来的期望。事实上，对于两个今天股价一样的公司的股票一年后的远期价格，同人们对它们未来表现的预期没有任何关系。可以证明它们的远期（在没有分红的情况下）应该是一样的。

第三，"衍生品定价的基础是大数定律"。持这种看法的原因是混淆了金融业和保险业的不同特性。在保险业中，投保的产品的定价依据是现实概率下的期望值，比如人寿保险的定价，这和统计上的大数定律有着密切的联系。当保险公司把产品大量地卖出去以后,这些产品的总体收益特征就把整体概率的分布体现了出来。在人寿保险的例子中,在一定时间内、一定地域中、一定年龄层的死亡的人口比例是相近的,所以关键是要把人寿保险卖得充分多,从而使大数定律的作用充分发挥出来。这在本质上是空间上的统计规律问题。然而在金融产品上没有这种空间。同一个股票的价格不会因为购买人所处的地点不同而有所不同。相反,金融产品风险具有强烈的时间性,同一产品今天的价格和明天的价格会有所不同。然而,我们能否说每一天价格变化的分布是完全相同的呢?恐怕不能,至少这是一个有争议的问题。所以用概率的期望值定价从而希望得到时间上的大数定律是没有理论依据的。遗憾的是,由于这种错误的看法,人们将大数定律不适当地应用到并不具备条件的金融领域,结果在 2008 年的金融风暴中给许多投资人带来了令人难以置信的严重后果。我们的看法是,真正在现阶段的衍生品定价中起着关键作用的不是大数定律,而是随机过程中的鞅表示定理。这个定理从理论上保证了在一定的条件和假设下通过连续交易基础资产,衍生品的收益特征可以完全被复制。是这个理论而不是大数定律在支撑着衍生品的定价原理。当然在将来有可能出现新的理论和实践,更好地解决衍生品定价问题。我们也热切地期盼着这种突破的实现。

4. 理想模型应具有的特征

根据产品分类,衍生品的定价模型大致可以分成这样几类:股票衍生品模型,包含各种期权、远期等产品的定价模型;利率衍生品模型,包含各种利率期权、债券期权等定价模型;信用衍生品模型,包含信用违约互换、CDO 及可违约债券等定价模型。这些模型的理论和用途可能不同,在不同金融机构和市场中的作用也有所差别,但基本上都应尽量具有以下的特征:

第一,模型的目的之一是用已知产品的价格来计算衍生品的价格。反映在模型上,就要求一个数学模型无论有什么样的参数,都应该能够成功地计算出市场上流动性强的衍生品的价格,并使其理论价格与其真实的市场价格相吻合。比如,计算信用衍生品价格的时候,应该保证其违约概率能够和市场上违约互换价格所隐含的违约概率相一致。再比如,为计算某利率衍生品的价格,一般要建立利率的随机模型,但这个随机模型下的利率折现曲线应该和今天市场上的折现曲线相一致；还要求在此随机模型下的利率掉期期权的价格和其市场价格相一致。

第二，模型的目的之二是用线性的产品价格来计算非线性的产品价格。衍生品的定价之所以困难，就是因为衍生品的收益是非线性的。这在股票的期权理论中表现得十分清楚，因为其收益曲线作为现价的函数是凸性的。相反，股票远期的收益则是线性的。在利率产品中，普通的利率掉期和远期利率掉期都具有线性的收益，所以定价都相对简单。在信用产品中单一名称的信用违约互换也属于线性收益，但是信用组合产品如第一违约互换等的收益则属于非线性收益。用线性的产品价格来计算非线性的产品价格的本质是用线性的收益函数去精细拟合非线性的收益函数，从而为其定价。有的时候我们还需要用一些相对简单的非线性收益函数去拟合相对复杂的非线性收益函数。其中具有代表性的例子是如何用普通期权对冲一般受益函数的特殊期权，具体讨论见孙健著《金融衍生品定价模型》。

第三，模型的目的之三是用高流动性产品的价格来计算低流动性产品的价格。高流动性产品的价格多是市场供需关系决定。缺乏流动性的产品价格由于交易量小，供需扭曲，往往不能代表该产品的真实价值。但是这并不表明这些产品给投资人带来的损益的不确定性就小，所以用高流动性产品来复制低流动性产品有助于控制风险。另外，找到高流动性产品和低流动性产品的内在联系，也有助于提高低流动性产品的定价透明度和产品的未来流动性。

第四，我们认为，模型最主要的目的是阐述动态或者静态地复制衍生品收益的方法。这个复制过程也就为成功对冲衍生品的风险提供了理论基础。这也是衍生品定价的又一基本原则。这个原则完全与市场遵循的无套利原则相一致，这也是衍生品定价模型又被称为无套利定价的原因，从而区别于那些对未来证券价格作出预测的模型。体现这个原则的一个代表性模型就是 Black-Scholes 的期权模型。这个模型不仅建立了一个方程，更重要的是指出了在自融资的情况下，如何通过买卖股票的方式来复制出期权的收益，而买卖股票过程中的成本也就构成了期权的价格。虽然 Black-Scholes 的期权模型也非尽善尽美，但是其出发点和方法都是为日后其他的模型树立了一个很好的典范。

第五，模型应该尽可能少地依赖于过多且无法观测的参数。此外，模型也应该尽量少地依赖于假设。任何一条假设都可能是模型不成立的原因，而任何一个参数最终都需要市场价格的支持。错误的参数几乎不可避免地使模型产生错误的结果。当然，根据功效不同，模型多多少少都会依赖于一些参数，哪怕是 Black-Scholes 模型，仍然要依赖波动率这个最关键的参数，而且这个参数还有偏态。但我们还是应该尽量避免引入不可观测的参数，以免增加模型的主观性。

虽然理想的衍生品模型应当具有上述特征，但在现实世界中，由于产品不完善等种种原因，很多衍生品模型并不完全具有上述特征。一个简单的例子，就是在信用违约互换中，一方面我们通常遵循风险中性的定价原则来处理违约概率，另一方面却诉诸历史数据来估计回收率。另外，在 CDO 的定价中，复合相关系数的"微笑"状态使得相关系数失去了唯一性，这也表明了模型的缺陷。在 Vasicek 模型中，我们还诉诸大数定律来为资产组合定价。这些都体现了"理想"的模型和"现实"的模型的区别。

借此机会，我们希望提醒大家带着正确的态度来学习数量模型。无论是信用风险的定量模型，还是应用更为广泛的股票类和利率类衍生品的定量模型，都是建立在数学基础上的。虽然数学模型是我们定量地描述现实世界的普遍方法，但是金融领域的数学模型最多只是对现实世界的一种近似，而这种近似又是加上了大量的前提假设才成立的。这就告诫我们，模型本身具有不可避免的局限性。麻省理工学院的金融学教授 Andrew Lo 曾经说过一句话："物理学中的模型和方法是用百分之三的假设来解释百分之九十七的现实世界，而经济学中的模型和方法是用百分之九十七的假设来解释百分之三的现实世界。"正确对待模型的方法，是要对模型时时刻刻抱有一定程度的批判态度。

17.2 是否应该抛弃模型

既然数学模型有相当大的局限，而且还在次贷危机中造成了严重的危害，那么是否可以得出结论，我们应该彻底抛弃数学模型呢？

数学模型在金融上的应用在 20 世纪 80 年代逐渐深入。在 20 世纪 70 年代，Fisher Black、Myron Scholes 和 Robert Merton 共同发现了偏微分方程在期权领域的应用。此后，数学方法被迅速引入金融的各个领域和各个机构。这导致了数学模型在交易策略、风险管理，甚至资本充足率的计算上的广泛应用。1997 年，Robert Merton 和 Myron Scholes 获得了诺贝尔经济学奖（此时 Fisher Black 已经去世），金融界对模型的崇拜无以复加。一种盲目追求和过度迷信数量模型的文化在华尔街开始滋生和蔓延。

然而，事情又走到了另一个极端。随着美国 2008 年次贷危机的发生，人们又开始怀疑模型的作用。甚至不少人干脆认为是彻底抛弃数学模型的时候了，甚至这一节的标题也定为"是否应该抛弃模型"。但我们想在这里指出，尽管数量模型表现出种种的局限性，但如同我们不应崇拜模型一样，同样不能完全忽略模型的作用。因噎废食历来都是不可取的，盲目摈弃模型的作用和盲目依赖数量模型同样有害。

我们以为，作为一种工具，数学模型将在金融领域里继续发挥它的重要作用。事实证明，和其他事物一样，正确和有效的数学模型将被人们继承和应用下去，而不切实际的模型则会随着人们认识的日渐清晰而被淘汰。金融作为一种微观经济行为，具备了应用数量模型的种种条件，这也是长期无法改变的一个事实。试想，自从股票问世以来，人们就试图用数量模型从股票价格的变化找出规律，以从中盈利。早期的模型显然只限于简单数学的应用。而到了当今，人们才共同认识到，分析股票价格的真正有效的方法还是数学上的概率论，而不是什么占卜之类的猜测。从数据上分析，几何布朗运动可以对股票价格的变化作比较好的拟合。由此出发，相关的衍生品的定价和交易策略也就可以在这个框架下进行。然而，几何布朗运动也不能被认为是精确地描述了股票价格的变化规律，股价的大幅度和比较长时间的下降就完全不符合几何布朗运动的要求。同样，用几何布朗运动为期权定价也有缺陷，因为从期权隐含的波动率偏态上看，股票收益隐含的分布不是一个正态分布。虽然这样，我们应采取的态度是继续寻找更好的模型，而不是把有缺陷的模型一概抛弃。事实上，针对波动率偏态的问题，已经有许多优秀的模型可以模拟这些现象了。

有意义的数量方法可以为金融交易和风险管理提供参考和借鉴。模型出问题时，往往有以下几种原因：

（1）模型的出发点有根本的错误。比如，忽略了无套利原理的模型一般有着根本性的缺陷，这时候只有将模型彻底抛弃。

（2）模型的出发点没有根本错误，但是不能很好地反映市场价格。比如股票期权的波动率偏态、信用组合中的基础相关系数偏态等。这个时候可以继续应用模型为交易作指导，但是要时刻牢记偏态的存在性。

（3）任何模型都是在前提假设下才成立的。如果应用者完全忽略了假设，在假设不成立的情况下也不加思索地应用模型，那就是错误的。举个例子，Copula模型在2008年金融危机中失效，就是因为CDX的优先块加价激增，通过该模型所隐含的相关系数达到100%。这在模型的早期应用中是没人预料到的。

我们希望向读者指出，模型本身不是造成金融危机的原因，更多的是因为使用模型的人对模型本身没有很好的理解，或者就是滥用模型达到赚钱的目的。我们不仅不应该抛弃模型，反而应该认真反思，找到模型的错误，改进模型，创造出更好的更精确的数学模型，为金融服务。

图书在版编目(CIP)数据

固定收益证券及其衍生品定价模型/孙健,曹诗男著.—上海:复旦大学出版社,2021.7
(博学.金融学系列)
ISBN 978-7-309-15552-5

Ⅰ.①固… Ⅱ.①孙… ②曹… Ⅲ.①固定收益证券-高等学校-教材 Ⅳ.①F830.91

中国版本图书馆 CIP 数据核字(2021)第 049264 号

固定收益证券及其衍生品定价模型
孙　健　曹诗男　著
责任编辑/岑品杰　李小敏

复旦大学出版社有限公司出版发行
上海市国权路 579 号　邮编:200433
网址: fupnet@fudanpress.com　http://www.fudanpress.com
门市零售:86-21-65102580　　团体订购:86-21-65104505
出版部电话:86-21-65642845
上海新艺印刷有限公司

开本 787×960　1/16　印张 13.75　字数 218 千
2021 年 7 月第 1 版第 1 次印刷

ISBN 978-7-309-15552-5/F・2791
定价:42.00 元

如有印装质量问题,请向复旦大学出版社有限公司出版部调换。
版权所有　侵权必究